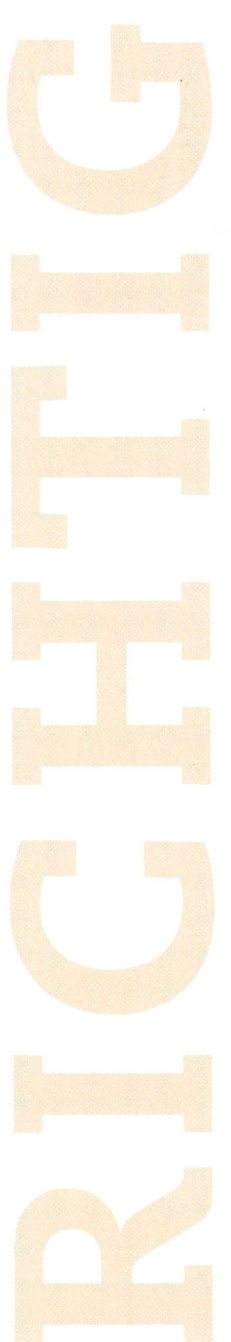

BLV SPORTPRAXIS TOP

Stefan Winter

Hoch-touren

Bibliographische Information
Der Deutschen Bibliothek
Die Deutsche Bibliothek verzeichnet diese
Publikation in der Deutschen Nationalbiblio-
graphie; detaillierte bibliographische Daten
sind im Internet über http://dnb.ddb.de
abrufbar.

Der Autor dankt den Firmen Salewa
(www.salewa.de), Lowa (www.lowa.de),
Leki (www.leki.de) und ciclosport
(www.ciclosport.de) für die freundliche
Unterstützung.

BLV Verlagsgesellschaft mbH
München Wien Zürich
80797 München

BLV Sportpraxis Top

© BLV Verlagsgesellschaft mbH,
München 2003

Lektorat: Barbara Hörmann, Murnau
Layoutkonzeption: Parzhuber & Partner
Layout und DTP: Gaby Herbrecht, München
Herstellung: Rosemarie Schmid
Umschlaggestaltung: Joko Sander Werbe-
agentur, München
Umschlagfotos: Andreas Dick (vorne),
Stefan Winter (hinten)
Grafiken: Jörg Mair , S. 100 nach Vorlage von
Georg Sojer aus P. Stückl/G. Sojer »Bergstei-
gen« (Abdruck mit freundlicher Genehmigung
des Bruckmann Verlags)

Gedruckt auf chlorfrei gebleichtem Papier

Printed in Germany · ISBN 3-405-16444-3

Stefan Winter, Jahr-
gang 1968, Sportphilo-
loge, Germanist und
staatlich geprüfter
Berg- und Skiführer, ist
im Referat Spitzen-
bergsport des DAV an-
gestellt und im Bereich
Wettkampfklettern,
Skialpinismus und Leis-
tungsalpinismus tätig. Zum Thema Bergsteigen hat er mehrere Beiträge in Zeitschriften
sowie vier Fachbücher veröffentlicht. Er ist in
der Fort- und Weiterbildung sowie im DAV-
Bundeslehrteam Bergsteigen tätig und er hat
einen Lehrauftrag für Indoorklettern an der
Universität der Bundeswehr in Neubiberg. Für
die Bergsportartikelfirmen Salewa, Leki und
Lowa fungiert er als technischer Berater.
Kletternd ist er seit 18 Jahren weltweit und bis
zum Schwierigkeitsgrad IX– unterwegs,
wobei auch ein Dutzend Sportkletterserst-
begehungen auf sein Konto gehen. Außerdem nimmt er aktiv an zahlreichen Skitouren-
wettkämpfen und Berglaufrennen teil.
Darüber hinaus hat er schon Expeditionen
und Trekkings in verschiedene Kontinente
und bis über 7000 Meter Höhe gemacht.

VORWORT

Weiß leuchtende Eisflanken, geschwungene Firngrate, überhängende Schneewechten und fester Kletterfels in den schönsten Brauntönen des alpinen Urgesteins sind die Attraktionen für alle Hochtourengeher. Diese Geländeformen wirken schon auf Generationen von Bergsteigern anziehend. Viele Hochtouren an den Drei- und Viertausendern der Alpen wurden schon so unzählige Male begangen, dass sie das Prädikat »klassisch« bekommen haben. Das Spektrum dieser Hochtouren reicht von flachen Gletscherwanderungen bis hin zu steilen Eiswänden, von einfachen Eis- und Felsgraten bis hin zu schweren kombinierten Wänden. Der ständige Wechsel des Geländes und die große, teilweise exponierte Höhenlage machen den Reiz von Hochtouren aus. Gefragt sind hier »komplette« Bergsteiger, die das Einmaleins

Hochtouren können in den Alpen weit über die 4000-Meter-Marke reichen, wie hier im Wallis, Schweiz.

des Bergsteigens beherrschen und die verschiedenen Geh-, Steig- und Klettertechniken variieren können.

Das Hochgebirge birgt aber auch zahlreiche Gefahrenzonen wie Gletscherspalten, Séracs und Steinschlagzonen. Das Beherrschen der richtigen Sicherungstechniken und Taktikregeln ist deshalb unerlässlich. Selbst wenn die Ausrüstung immer besser wird und das sportliche Können zunimmt, im Zeitalter der globalen Erderwärmung nehmen die Gefahrenquellen durch große Schmelzprozesse der Gletscher zu und verlangen ein umsichtiges, auf Sicherheit ausgerichtetes Verhalten.

Fortgeschrittene und Könner unter den Hochtourengehern unternehmen ihre Touren auch an den Bergen der Welt. Dabei müssen Akklimatisation, Lagerketten etc. berücksichtigt werden. Egal ob Sie nun im Himalaja, den Anden oder den bestens erschlossenen Alpen unterwegs sind, Sie lassen den Alltagsstress hinter sich und unvergessliche Bergabenteuer sind Ihnen sicher.

Dieses Buch macht den Anfänger mit dem wichtigsten Rüstzeug vertraut und der Fortgeschrittene findet den aktuellen Stand und interessante Anregungen vor. Genaue Beschreibungen und detaillierte Abbildungen zum Beispiel der Steigeisentechniken und Spaltenbergung geben Auskunft über das richtige Bewegen und sicheres Verhalten. Beeindruckende Landschafts- und Situationsfotos veranschaulichen deutlich die

Auf Hochtour in der Mischabelgruppe, Schweiz

Faszination des Hochtourengehens und lassen das Verlangen aufkommen, Eispickel und Steigeisen selbst in die Hand zu nehmen. Es ist unumstritten, dass die bergsteigerischen Fähigkeiten und Fertigkeiten nur in der Praxis geübt und gefestigt werden können. Üben Sie die hier vorgestellten Techniken erst einmal in ungefährlichem Gelände, beispielsweise in einem Eisbruch. Wenn Sie sich unsicher fühlen oder eine bestimmte Technik unter Anleitung erlernen wollen, sollten Sie sich erfahreneren Bergsteigern anschließen oder Ausbildungskurse und geführte Touren bei den Alpenvereinen oder Bergschulen besuchen. In diesem Sinne Berg Heil und viele schöne und glückliche Stunden im Gebirge.

Stefan Winter

IN FELS, EIS UND SCHNEE

Da das Bergsteigen in Fels, Eis und Schnee äußerst reizvoll ist und seit den Anfängen des Alpinismus zahllose Bergsteiger begeistert, bezeichnet man das Hochtourengehen als die klassische Disziplin des Bergsteigens. Hochtourengehen ist somit zum Sammelbegriff für alle bergsteigerischen Aktivitäten im vergletscherten Hochgebirge geworden. Wichtige Eckpunkte am Anfang der Geschichte des Hochtourengehens sind in den Ostalpen 1762 die erste Besteigung des Ankogels (3262 Meter) und in den Westalpen die Besteigung des Montblanc (4810 Meter) im Jahr 1786. In den Folgejahren wurden alpenweit zahlreiche

Die Anfänge des Hochtourengehens reichen weit zurück.

vergletscherte Berge bestiegen, so 1800 der Großglockner in Österreich, 1811 die Jungfrau in der Schweiz, 1820 die Zugspitze in Deutschland und 1840 der Gran Paradiso in Italien. Die Eisausrüstung und Eistechnik wurden damals laufend verbessert, wodurch die Entwicklung einen rasanten Lauf nahm: 1872 erste Begehung der Monte-Rosa-Ostwand, 1876 Pallavicini-Rinne am Großglockner mit 2500 geschlagenen Stufen, 1924 erste Verwendung eines Eishakens in der Wiesbachhorn-Nordwand (Steigeisen gab es schon wesentlich länger).

Auch die alpine Literatur trug zur Weiterentwicklung bei: Bergbücher wie »The playground of Europe« (1871) und »Der Hochtourist« (1894) lösten einen Ansturm auf die Eisgipfel der West- und Ostalpen aus. Eine entscheidende Rolle spielte auch das Anlegen von Wegen und der Bau von Hütten durch die alpinen Vereine.

Zeitgleich bemühten sich Bergabenteurer um die Erstbesteigungen der höchsten Gipfel auf anderen Kontinenten: 1889 Kilimandscharo (6010 Meter), 1894 Mount Cook (3786 Meter), 1897 Aconcagua (6959 Meter), 1913 Mount McKinley (6194 Meter) und schließlich wesentlich später 1950 die Annapurna (8091 Meter) als erster Achttausender und 1953 der Mount Everest (8850 Meter) als höchster Berg der Erde.

Als Erstbesteigungen in den Alpen kaum mehr möglich waren, richtete sich das Interesse auf das Eröffnen neuer,

Gemeinsam stark – eine Gruppe Hochtouren-geher vor dem Weiss-horn im Wallis, Schweiz

schwieriger Routen, wie es durch die Erstbegehung der Eiger-Nordwand im Jahr 1938 versinnbildlicht wird.

Das Spitzenbergsteigen der Gegenwart wird vorrangig durch sportlichen Charakter geprägt, wie z. B. das Begehen mehrerer Eiswände in Folge in Rekordzeiten (»Enchainments«), das Klettern an gefrorenen Wasserfällen in der Natur oder als Wettkampfsportart an Kunsteisfällen oder das Mixed-Klettern in Fels und Eis auf höchstem Niveau. Die Krönung ist das Übertragen dieser Schwie-

rigkeiten auf die Routen an den Weltbergen – das Super Alpine Game – wie beispielsweise bei der Durchsteigung der Dhaulagiri-Südwand im Jahr 2000. Denselben relativen Erlebniswert finden Bergsteiger jedoch genauso auf den einfacheren Routen, und so zählt das Hochtourengehen an den Drei- und Viertausendern der Alpen zu den beliebtesten Ausprägungen des Bergsteigens. Je nach Tourenziel und den Verhältnissen lassen sich folgende Spielformen untergliedern.

Gletscherwanderungen

Ausgangspunkte für Gletscherwanderungen sind hauptsächlich höher gelegene Berghütten als Stützpunkte für ein- bis mehrtägige Unternehmungen. Gletscherwanderungen verlaufen durch einfaches alpines Gelände bis über die 3000-Meter-Grenze hinaus. In den Westalpen können diese Touren in einigen Fällen die 4000-Meter-Marke sogar deutlich überschreiten. Unzählige Touren, die durch überschaubares Gelände verlaufen und keine zu hohen konditionellen Anforderungen stellen, eignen sich auch für Einsteiger und sind mit einer kleinen Grundausrüstung zu bewältigen. Sanfte Gletscherhänge, kein

Unverzichtbar – das Anseilen am Gletscher

oder nur wenig Felskontakt und eine geringe Spaltengefahr ermöglichen es, lange Strecken noch ohne größere technische Schwierigkeiten zu gehen. Trittsicherheit und Schwindelfreiheit sind aber auch bei dieser einfachsten Form von Hochtouren nötig.

Klassische Hochtouren

Alle Touren, die in steilere Gletscherzonen und in höhere Felsregionen führen, werden (klassische) Hochtouren genannt. Weiß-blaues Gletschereis, Firngrate und Eisgipfel machen die Faszina-

Der Biancograt, ein Schweizer Klassiker

tion von Hochtouren in diesen fast un-belebten Gebirgsregionen aus. Demgegenüber stehen Gefahren wie Gletscherspalten, Eisschlag oder Blankeishänge, die nur mit den passenden Bewegungs- und Sicherungstechniken, dem entsprechenden taktischen Verhalten und der Ausrüstung sowie mit hohen konditionellen Voraussetzungen bewältigt werden können. Hochtouren werden fast ausschließlich von hoch gelegenen Hütten aus unternommen. Moderne Liftanlagen in Gletscherskigebieten ermöglichen aber auch Tagestouren auf die höchsten Gipfel. Bei diesen beiden Möglichkeiten darf die Höhenanpassung nicht vergessen werden. Gipfel wie Großglockner, Piz Palü oder Montblanc können nur mit großem persönlichen Können bestiegen werden, das das seilfreie Steigen in Flanken bis 40 Grad Neigung und bis zum II. Felsschwierigkeitsgrad mit einschließt.

Absturzgefährdete Passagen in Fels, Eis oder kombiniertem Gelände können in verschneitem Zustand erheblich schwieriger sein und zur Umkehr zwingen. Herrschen gute Verhältnisse, werden sich Hochtouren trotz des schwereren Rucksackes, der längeren Auf- und Abstiege oder des sehr frühen Aufbruches als einmalige Erlebnisse einprägen.

Klassisches Eisklettern

Eiswände von 45 bis 65 Grad Neigung sind der Beginn des extremen Bergsteigens. Wegen der Absturzgefahr und technischen Ansprüche muss gesichert werden. Zwei Eisgeräte, mehrere Eisschrauben, ein Helm und mehrere Karabiner sind ebenso mitzuführen wie ein Repertoire an grundlegenden Eiskletter-techniken. Je nach Länge der Eiswand (in den Westalpen bis 1500 Meter)

Bei besten Verhält-nissen in der Hochfeiler-Nordwand in den Ziller-taler Alpen

**Kombiniertes
Klettern in
Fels und Eis**

ergeben sich sehr hohe Anforderungen an die aerobe Ausdauer und Kraftausdauer. Entscheidend sind auch die Eisverhältnisse, die von Blankeis bis Butterfirn reichen können.

Eine Steigerung des klassischen Eiskletterns sind das Steileisklettern in alpinen Routen mit 70 bis 90 Grad Neigung und das Wasserfalleisklettern, das senkrechte bis überhängende Passagen aufweisen kann und somit noch höhere Anforderungen an die Kondition und Sicherungstechnik stellt.

Kombinierte Touren

Kommen in Eiswänden noch Felsschwierigkeiten vom II. bis VI. Schwierigkeitsgrad hinzu, dann spricht man von kombinierten Touren. Neben den technischen Fertigkeiten – z. B. Felsklettern mit Steigeisen – spielt hier auch ein großes taktisches Können eine bedeutende Rolle. Die Routenfindung, Absicherung und Auswahl des richtigen Zeitpunkts müssen stimmen, um den zusätzlichen alpinen Gefahren gerecht zu werden. Durch die globale Erderwärmung können viele Touren mittlerweile nur noch im Winter begangen werden, da im Sommer die Ausschmelzprozesse von Gestein zu groß sind.

Der Begriff Mixed-Klettern ist im Prinzip eine andere Bezeichnung für kombiniertes Klettern ungefähr ab dem VI. Felsgrad und im Steileis und findet vor allem im Extrembereich seinen Gebrauch. Mixed-Touren werden oft nur im Klettergartengelände unter möglichst guter Absicherung geklettert. Dünne Eisglasuren, frei hängende Eiszapfen oder auch Felspassagen, die mit dem so genannten Dry-Tooling (Einhängen der Hauen der Eisgeräte auf kleinste Kanten) überwunden werden, prägen den Routencharakter.

Expeditionen

Da die hohen Berge der Erde fast alle vergletschert sind, finden die genannten Spielformen des Hochtourengehens und Eiskletterns auch dort ihre Anwendung. Grundsätzlich handelt es sich auch hier hauptsächlich »nur« um Gletscherwanderungen und klassische Hochtouren unterschiedlicher Schwierigkeit. Da jedoch die Höhe (5000 bis 8000 Meter), die Abgeschiedenheit, das Lagern in Zelten und die oft dürftigen Informationen und infrastrukturellen Leistungen weitere Schwierigkeiten erzeugen, hat sich der Begriff Expeditions- oder auch Höhenbergsteigen etabliert. Expeditionen erfordern ein leistungsstarkes Team von gleichgesinnten Bergsteigern, eine ausgeklügelte Planung und Organisation und häufig eine angemessene Akklimatisation. Im Rahmen einer Expedition steht neben dem Gipfelerfolg auch das Kennenlernen anderer Kulturen und Menschen im Vordergrund.

**Basislager
einer
Himalaja-
expedition**

AUSRÜSTUNG

Sachgerechte Bergsportausrüstung stellt die Grundlage für einen problemlosen und genussreichen Aufenthalt im Hochgebirge dar. Dank der Verwendung innovativer Materialien sind viele Ausrüstungsgegenstände heutzutage extrem leicht und funktionell. Das ist komfortabel und spart Kondition. Zusätzlich zur Grundausstattung, die zum Wandern und Bergsteigen benötigt wird, erfordern Hochtouren eine spezielle Eisausrüstung.

Grundausrüstung

Bergsportschuhe

Zweckmäßige und vor allem gut passende Bergschuhe sind mit das Wichtigste für den Hochtourengeher. Passen sie nicht optimal, kann jede Tour schnell zur Tortur werden.

Allgemeines:

- Der so genannte Leisten bestimmt die spätere Schuhform beziehungsweise den Innenraum des Schuhs und somit die Passform. Er ist modellhaft nach anatomischen und orthopädischen Gesichtspunkten gestaltet. Da jeder Hersteller seine eigenen Leisten entwickelt, sind die Chancen, aus der großen Angebotspalette einen passenden Schuh zu finden, sehr groß.

- Das wichtigste Material der Schuhherstellung ist das Leder – also tierische Haut, die durch Gerbung haltbar gemacht wurde. Es ist sehr strapazierfähig und abriebfest, dehnbar und formbeständig sowie mindestens zwei Stunden wasserabweisend. Die Alternative stellen Kunststoffschalen mit Innenschuh dar. Sie sind zwar absolut wasserdicht, dafür aber nicht atmungsaktiv.

- Die Füße produzieren bei Beanspruchung bis zu 200 ml Fußschweiß an einem Tag. Selbst bei bestem Oberleder kann dem Schuh nicht mehr als etwa 100 ml Wasser je Tag entweichen. Da die Wasserdampfaufnahme des Futterleders nach etwa 8 bis 12 Stunden Tragezeit eine Grenze erreicht, sammelt sich in der Folge Feuchtigkeit zwischen Oberleder und Futter an. Beim Plastikbergschuh entweicht die Feuchtigkeit noch deutlich weniger.

- Der Schuhschaft von Hochtourenbergschuhen ist zur besseren Abstützung hochgezogen und entweder aus einem großen oder aus mehreren Leder- oder Kunststoffteilen zusammengesetzt. Damit sich die Lasche dem Bewegungsablauf und den anatomischen Gegebenheiten des Fußes optimal anpasst, sollte sie im Beugebereich sehr weich sein.

- Der Schuhschaft ist mit der so genannten Brandsohle verbunden (geklebt, genäht oder genagelt beziehungsweise getackert). Sie bestimmt das Abrollverhalten und die Stabilität des Schuhs und somit seinen Einsatzbereich. Für das

Steileisklettern empfiehlt sich beispielsweise eine sehr harte Sohle.

• Besonders wichtig ist eine profilierte Spezialsohle aus Gummi. Je nach Einsatzbereich gibt es unterschiedlich weiche und biegsame Komfortsohlen, mittelharte Sohlen mit rutschfesterem Profil und Spezialsohlen mit exzellenter Griffigkeit auf allen Untergründen. Dämpfende Zwischensohlen erhöhen den Gehkomfort.

• Modernste Verarbeitungsmaterialien in der Schuhherstellung sind Gore-Tex und Outlast. Das Gore-Tex-Material ist wasserdicht und dennoch wasserdampfdurchlässig. Je höher das Temperaturgefälle zwischen Umwelt und Schuhinnenraum ist, desto besser erfolgt der Schweißtransport ins Freie. Outlast ist ein dreilagiges Futtermaterial, das durch eingekapselte Wachse dem Wechsel der Fußtemperatur folgt und entweder gespeicherte Wärme abgibt oder Wärme aufnimmt und somit kühlt.

Pflegehinweise:

• Lederschuhe vor dem ersten Tragen dreimal mit Imprägnierspray einsprühen und 24 Stunden lang trocknen lassen.

• Nach dem Tragen die Schuhe mit Bürste und Schwamm reinigen und trocknen lassen. Nicht an der Heizung oder in der Sonne trocknen! Das gilt auch für die Plastikbergschuhe, da das Material sonst spröde wird und brechen kann.

• Lederschuhe in längeren Zeitabständen mit Wachsemulsionen einreiben.

Bergschuhtypen

Beim Hochtourengehen werden Bergschuhe aus sehr robusten Materialien und in aufwändiger Verarbeitung getragen. Entscheidend sind die Gestaltung der Profilsohle, des Schuhrandes und wegen der langen Tragezeiten der Gehkomfort.

Trekkingstiefel

Multifunktioneller Bergschuh in Stiefelform, der sich nur bedingt für einfache kurze Gletscherwanderungen eignet. Um in weglosem Felsgelände nicht jedes Steinchen durch die Sohle zu spüren, empfehlen sich Stiefel mit harter Brandsohle und einem Schuhschaft mit rundumgezogenem Gummipuffer zum Schutz des Leders. Die Profilsohle sollte ein tief eingeschnittenes, selbstreinigendes Muster aufweisen. Ein bedingt steigeisenfester Rand erlaubt das Anbringen von Steigeisen mit Frontkorb- oder Riemenbindung.

Klassischer Bergstiefel

Hier handelt es sich um besonders robuste Bergschuhe in Stiefelform für den anspruchsvollen Einsatz im Hochgebirge.

Profilsohle mit tief eingeschnittenem Muster

Klassischer Bergstiefel von Lowa

Dickes hydrophobiertes Nubukleder isoliert den Fuß vor Kälte und hält Nässe über Stunden ab. Eine steigeisenfeste Spezialsohle ermöglicht das Anbringen von Steigeisen mit Kipphebelbindung. Während diese Schuhe früher als »Bollerschuhe« verschrien waren, werden sie heute dank sportlicherem Design, funktionellerem Schnitt und niedrigerem Gewicht wieder sehr gerne verwendet.

Plastikbergstiefel
Ein Schuh mit PU-Plastikschalenausführung einschließlich Textilinnenschuh bewährt sich für Wintertouren oder Höhenbergsteigen. Unter der absoluten Wasserdichtigkeit leidet zweifelsohne die Atmungsaktivität, sodass beim Tragekomfort deutlich Abstriche gemacht werden müssen.

Plastikbergstiefel von Lowa

Tipps gegen Blasen
Blasen im Vorfuß-, Fersen- und Knöchelbereich entstehen durch Druckstellen und die mit ihnen verbundene Reibung auf der Haut. Die Ursachen sind vielfältig. Zu enge Schuhe, falsche Fußbekleidung, drückende Steigeisenbindungen oder eine falsche Schnürweise können zu diesen Blessuren führen. Feuchte Haut begünstigt die Blasenbildung.

10 Tipps gegen Blasen
1. Die Fußspitzen dürfen beim Abstieg auf keinen Fall vorne anstoßen.
2. Die Ferse sollte bei steilen Aufstiegen ohne Stufen beim Abrollen über den Vorderfuß möglichst wenig Spiel haben.
3. Der Fuß sollte mit dem Leisten korrespondieren, das heißt der Schuh sollte keine unnatürlichen Druck- und Scheuerstellen aufweisen.
4. Immer frische und möglichst trockene Fußbekleidung tragen.
5. Problemzonen vor der Tour mit Tape oder speziellen Blasenpflastern abkleben. Als besonders geeignet haben sich doppellagige Membranschichten mit zwischenliegendem Gel erwiesen.
6. Hirschtalg auf Problemzonen schmieren. Die Reibung findet dann auf der Fettschicht und nicht auf der Haut statt.
7. Schnürung nicht zu fest anziehen und eventuell oberste Schnürösen oder -haken auslassen.
8. Bei Überknochen kann der Schuh an der entsprechenden Stelle geweitet werden.
9. Orthopädische Schuheinlagen tragen.
10. Sobald eine Stelle reibt, sollte diese umgehend mit Tape abgeklebt werden.

Bekleidung

Auf Hochtouren sollten sich Bergsteiger nach dem temperaturregulierenden »Zwiebelprinzip« ankleiden. Das bedeutet, eine Kleidungsschicht baut auf der darunterliegenden auf und erfüllt jeweils spezielle Zwecke. Neben einer auch unter Hochtourengehern gern gesehenen sportlich-modischen Ausführung müssen Kleidungsstücke vor allem funktionellen Gesichtspunkten genügen: Tragekomfort, Abriebfestigkeit, Wetterschutz, Wärmeisolation und Atmungsaktivität sind dabei die wichtigsten Schlagworte. Im Knie-, Ellbogen- und Schulterbereich ist Bewegungsfreiheit gefragt, sodass Kletterbewegungen problemlos ausgeführt werden können. Wichtige Eigenschaften sind verschweißte Nähte, Ventilationsmöglichkeiten sowie von beiden Seiten regulierbare Reißverschlüsse.

Unterwäsche

Die Unterwäsche wird dünn und enganliegend getragen. Sie sollte aus schweißableitendem Material – zum Beispiel aus so genannten künstlichen Microfasern wie Polyester, Polyamid oder Polypropylen bestehen. Die Kunstfasern leiten die Wasserdampfmoleküle des Schweißes von der Haut nach außen zur nächstkälteren Schicht weg. Dieser natürliche Kapillareffekt sorgt dafür, dass die Haut trocken und die Körperwärme erhalten bleibt.

Wolle oder Baumwolle saugen sich mit Schweiß voll, quellen auf, können nass und kalt auf der Haut kleben und sind deswegen nicht immer geeignet. Von Netzkonstruktionen bis Feinripp, von Slips bis Shorts und von Langarm- bis Kurzarmhemden ist im Handel alles erhältlich.

Praxistipp:
- Immer Ersatzunterhemden zum Wechseln mitführen, da Hochtouren häufig zehn Stunden und länger dauern.

Fußbekleidung

Für den Hochtourengeher empfehlen sich Knie- oder schienbeinlange Strümpfe aus Mischgewebe (Baumwolle und Kunstfaser) oder aus reiner Kunstfaser. Auch hier gilt, dass möglichst viel Schweiß von der Haut weg transportiert werden soll, um Kälte, Unwohlsein oder Blasenbildung zu vermeiden. Da der Schweißtransport vom Schuhmaterial, der Außentemperatur und von der Schweißmenge abhängt, sollte man verschiedene Materialien ausprobieren, bis das richtige gefunden ist. Empfindliche Stellen wie Ferse, Rist und Vorderfuß

Praxistipp:
- Immer Ersatzstrümpfe dabei haben, da Hochtouren lange Zeit durch Schnee und Eis, also nasses Gelände führen. Außerdem wärmen trockene Strümpfe besser als feuchte.

sind bei vielen Produkten durch Plüsch gepolstert, um Schnürdruck und Nahtscheuern zu vermeiden.

Beinbekleidung

Als Beinbekleidung eignen sich lange Normalhosen im Standardschnitt mit rückseitigem Latz oder enge Sporthosen aus Mischgewebe, reinen Kunstfasern oder aus einer Kombination von beidem.

Hochtourenhose

Rechts: Fleeceweste

Moderne Stretchstoffe geben der Hose die nötige Dehnfähigkeit. Ein nicht zu enger Formschnitt erlaubt angenehmen Luft- und Schweißtransport und ist bequem. Auf Gürtelschlaufen und Gürtel sollte verzichtet werden. Besser eignet sich ein Stretchbund oder Kordelzug, da sich so der Rucksackbeckengurt dem Körper besser anpassen kann. Funktionstaschen sind für Karte, Taschenmesser und Müsliriegel vorgesehen. Bei langen Hosen sind verstellbare Beinabschlüsse vorteilhaft. Sie erlauben das Variieren beim Bedecken der Bergstiefel. Auf Hochtouren, bei denen man sich größtenteils in Schnee und Eis aufhält, empfiehlt es sich optional, gleich die Überhose mit – je nach Temperaturen – einer langen Funktionsunterhose darunter zu tragen.

Hemden, Westen und Jacken

Über einem lang- oder kurzärmeligen Funktionsunterhemd wird ein Hemd oder dünner Funktionspullover getragen. Hier bewähren sich Kunstfaser oder – wenn mit weniger Schwitzen zu rechnen ist – Mischgebwebe. Die nächste Schicht – zum idealen Kälteschutz – bilden etwas dickere Fleece- beziehungsweise Faserpelzpullover oder -jacken.

Bei wechselhaften Temperaturen sind winddichte Westen sehr angenehm. Der Rumpf bleibt immer vor der Kälte geschützt, während der Körper über die Arme gekühlt werden kann.

Überjacken und Überhosen

Auf Hochtouren ist der Wind- und Nässeschutz unerlässlich. Jacken und Überhosen sollten aus einem atmungsaktiven und zugleich wasser- und winddichtem Material in zwei- oder dreilagiger Verarbeitung bestehen. Je nach Hersteller gibt es hinsichtlich Robustheit und Tragekomfort eine große Ausführungsbreite. Bedacht werden muss, dass unter dieser Bekleidung genügend Platz für Wärmekleidung sein sollte. Bei der Wahl der Jackenlänge ist zu berücksichtigen, dass es oft angebracht ist, den Jackenabschluss unter den Hüftsitzgurt zu stecken.

Überhosen sollten einen durchgezogenen seitlichen Reißverschluss aufweisen. Dies erleichtert das Anziehen mit Bergschuhen wesentlich. Eingenähte Innengamaschen gehören heute zum Standard und verstärkte Innenseiten auf Fußhöhe schützen vor Reibereien mit den eigenen Steigeisen.

Kopfbedeckung und Handschuhe

Durch ständigen Schnee- und Eiskontakt mit den Händen sind nasse Handschuhe fast unvermeidbar. Bewährt haben sich Doppelkonstruktionen. Die Außenhülle besteht aus wind- und wasserdichtem Material, die Innenhandschuhe aus wärmenden Stoffen. Die Form muss je nach Einsatzzweck gewählt werden: Bei technischen Varianten des Hochtourengehens wie zum Beispiel dem Eisklettern benötigt man Fingerhandschuhe, um noch gut mit der Sicherungsausrüstung hantieren zu können. Bei gleichmäßigen Gletscherwanderungen können Fäustlinge angezogen werden. Bei warmen Temperaturen sind wegen ihres guten Griffgefühls auch gefütterte Lederhandschuhe sehr praktisch.

Wind und Kälte des Hochgebirges erfordern zudem einen wind- und wasserdichten Kopfschutz, der wärmend bis über die Ohren reichen sollte. Der Kopf muss aber nicht nur vor Kälte, sondern auch vor extremer Sonneneinstrahlung geschützt werden. Für diese Zwecke dient ein Tuch, eine Kappe oder auch ein Sonnenhut.

Praxistipps:
- Beim Begehen von Eiswänden auf Handschuhe mit Stulpen und Fangschlaufen zurückgreifen.
- Ersatzhandschuhe zum Wechseln mitführen.
- Eine kleine Sturmhaube empfiehlt sich für sehr kalte und windige Bedingungen.

Tourenstöcke

Tourenstöcke sind beim Hochtourengehen fast unentbehrlich. Die Trittsicherheit beim Gehen und Steigen wird durch zwei zusätzliche Standpunkte wesentlich erhöht. Der wichtigste Vorteil ist jedoch, dass die Stöcke bei richtigem Gebrauch vor allem beim Abstieg die Kniegelenke vom Gewicht des Körpers und die Wirbelsäule von Erschütterungen entlasten.

Tourenstöcke weisen einen speziellen Teller auf – gegen tiefes Einsinken im Geröll und Schnee –, haben ergonomische und kälteisolierende Griffstücke und können in der Länge verstellt werden. Dies ist beim Transport am Rucksack oder beim lang andauernden Gehen im Steilgelände vorteilhaft. Eine Hartmetallspitze erweist sich in vereisten Passagen als hilfreich. Stöcke mit einem Federungssystem entschärfen

Tourenstöcke schonen die Gelenke und erhöhen die Trittsicherheit.

beim Abfangen oder Hochschieben des Körpers die Kraftspitzen und schonen die Hand-, Ellenbogen- und Schultergelenke.

Orientierungsmittel

Anhand von Gebiets- und Auswahlführern kann sich der Hochtourengeher zu Hause und auf Tour durch Wegbeschreibungen in Wort und Bild einen Eindruck vom Auf- und Abstiegsgelände verschaffen (in Karten und Führern auf den aktuellen Gletscherstand achten!). Weitere praktische Hilfsmittel wie topographische Karten, Kompass und Höhenmesser ermöglichen genaue Standort- oder Marschrichtungsbestimmungen.

Höhenmesser gibt es in mechanischer und in elektronischer Ausführung, letztere auch in Verbindung mit Uhren, die zur Zeitkontrolle, als Wecker und zum Zeit stoppen eingesetzt werden können. Das GPS (Global Positioning System) ist ein elektronisches Orientierungssystem, das mit Hilfe von Satellitensignalen den eigenen Standort metergenau bestimmen kann.

Sonnenschutz

Eine Sonnenbrille mit Seitenblenden, formbaren Seitenbügeln und wechselbaren Gläsern mit hundertprozentigem UVA- und UVB-Schutz, eine Kopfbedeckung und vor allem eine Sonnenschutzcreme für Haut und Lippen schützen vor der erhöhten Strahlung über der Schneegrenze. Cremes sollten einen sehr hohen Lichtschutzfaktor aufweisen. Besonders empfehlenswert sind wasserfeste und fettfreie Cremes, die durch den Schweiß nicht sofort wieder abgewaschen werden. Nicht unterschätzt werden darf der Ozongehalt der Atmosphäre. Bei Sommersmog mit Werten ab 180 mg/m^3 sollten sich empfindliche Personen schonen und den Aufenthalt im Freien meiden.

Trinkflasche

Je nach Witterung können kälte- oder wärmeisolierende Alu- bzw. Thermosflaschen verwendet werden. Ihr Fassungsvermögen sollte mindestens einen Liter betragen, bei längeren Touren mehr. Sehr praktisch sind auch Trinkblasen aus einem Plastiklaminat. Mit Hilfe eines Trinkschlauchs kann man trinken, ohne den Rucksack abzusetzen. Bei großer Kälte besteht für letztere jedoch Vereisungsgefahr.

Praxistipp:
● Jede Stunde ca. 250 ml eines mineralhaltigen Getränks zu sich nehmen. Empfehlenswert ist auch Apfelsaftschorle, am besten im Mischungsverhältnis zwei Drittel Wasser, ein Drittel Saft.

Erste-Hilfe-Paket

Ein Erste-Hilfe-Paket gehört in jeden Rucksack. Mit den Inhalten lässt sich bei kleinen Verletzungen die wichtige Erstversorgung durchführen. Das Erste-Hilfe-Paket sollte regelmäßig überprüft und in einer Apotheke »aufgefrischt« werden.

Biwaksack und Rettungsdecke

Ein Biwaksack schützt im Notfall vor Wind und Nässe. Verletzten oder Erschöpften kann er in Verbindung mit einer isolierenden Rettungsdecke als Schutz vor Unterkühlung und beim behelfsmäßigen Abtransport dienen.

Mobiltelefon als Notruf

Die Zeit bis zum Eintreffen der planmäßigen Bergrettung kann mit einem Handy erheblich verkürzt werden. In den Alpen sind die Funkantennen mittlerweile so gut verteilt, dass fast überall ein Empfang möglich ist. Auf Mehrtagestouren sind entsprechend leistungsstarke Akkus notwendig, um im Ernstfall die weit verbreitete internationale Notrufnummer 112 anwählen zu können (die man übrigens ohne PIN-Nummer und Karte erreichen kann).

Rucksack

Die gesamte Ausrüstung wird in einem Rucksack transportiert, der ein Volumen von 35 bis 50 Litern hat. Das Material sollte aus robustem und wasserabweisendem Nylon, Cordura oder Polyester bestehen. Wichtige Bestandteile sind gepolsterte Tragegurte, eine Deckeltasche, Außentaschen und ein bequemes Tragesystem mit Belüftung und mit Hüftgurt. Eine Rucksackregenhülle schützt Rucksack und Inhalt vor Nässe. Ein Hochtourenrucksack sollte schlank und eng anliegend sein, damit er jede Bewegung mitmacht, ohne beim Klettern hängenzubleiben. Außerdem sollte er natürlich Befestigungsschlaufen für ein bis zwei Pickel und für Steigeisen aufweisen.

Selbstverständlich ist ein möglichst geringes Gewicht empfehlenswert, doch am wichtigsten ist, dass der Rucksack passt. Lassen Sie sich beim Kauf gut beraten und testen Sie den Rucksack im Geschäft mit einem eingepackten Gewicht.

Hochtourenrucksack mit Befestigungsmöglichkeiten

Zubehör

Multifunktionswerkzeug, Tape, Reepschnüre

Mit diesen Zubehörutensilien können kleine Abnutzungserscheinungen an der Ausrüstung schnell und einfach behoben werden. Ein kleines zusammen-

klappbares Werkzeug mit Schrauben-
dreher, Messer und Zange ist universell
einsetzbar. Eventuell auch passende
Muttern, Steigeisenfrontbügel als Ersatz
und Minischraubschlüssel für die Steigeisen mitführen. Mit Tape (Isolierband)
und mehreren Reepschnüren lässt sich
einiges behelfsmäßig wieder zusam-
menflicken.

Taschenlampe

Halogen- oder LED-Leuchten, am bes-
ten in Form von Stirnlampen, sind auf
Hochtouren oft unentbehrlich. Bei
Hüttenübernachtungen, beim in aller
Regel sehr frühen Aufbruch oder wenn
man von der Dunkelheit überrascht

wird, geht ohne Lampe gar nichts.
In Notsituationen dient sie als Signal-
mittel.

Brotzeitdose

In einer kleinen Box aus Plastik oder
Aluminium kann die Brotzeit sicher ver-
packt werden.

Praxistipps:

● Alle zwei Stunden Nahrungsauf-
nahme von kurz-, mittel- und langket-
tigen Kohlenhydraten, die gestaffelt
freigegeben werden (z. B. Müsliriegel,
Bananen).
● Auf sehr fettreiche Kost verzichten.

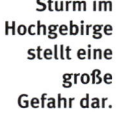

Sturm im Hochgebirge stellt eine große Gefahr dar.

Gamaschen

Gamaschen sind wasserdichte Stulpen, die Schuhe und Hosenabschlüsse vor Nässe schützen. Bei Extremtouren können über den ganzen Schuh reichende, isolierende Gamaschen verwendet werden.

Hüttenschlafsack

Aus Hygienegründen ist bei Übernachtungen auf Alpenvereinshütten die Verwendung eines kleinen und leichten Hüttenschlafsacks aus Baumwolle, Seide oder Kunstfaser vorgeschrieben.

Sicherungsausrüstung

Sobald mit einfacher Kletterei oder Gletscherkontakt zu rechnen ist, ist die Sicherungsausrüstung unverzichtbar. Es ist besser, sie einmal umsonst dabei zu haben als sie im Ernstfall zu Hause gelassen zu haben.

Hüftsitzgurt

Der Hüftsitzgurt besteht aus einem Hüftgürtel und zwei Beinschlaufen, welche bei Belastung die auftretenden Kräfte auf die Weichteile der Oberschenkel verteilen. Variable Verschlussschnallen am Hüftgürtel und vor allem verstellbare Beinschlaufen (nicht bei allen Modellen) können unterschiedlich dicker Beinbekleidung angepasst werden.

Brustgurt

Brust- und Hüftgurt

Der Brustgurt wird immer in Kombination mit einem Hüftgurt getragen. Er soll beim Sturz oder Hängen im Seil das Abkippen des Oberkörpers nach hinten verhindern und den Rumpf in einer aufrechten Lage halten.

Seil

Seile haben die Funktion, den Hochtourengeher beim Abseilen oder am Ende eines Sturzes zu halten. Die Hauptaufgabe ist das »weiche« und körperverträgliche Absorbieren der auftretenden Sturzenergie. Darüber hinaus müssen Seile reißfest, leicht knotbar und weitgehend krangelfrei sein. Bei Hochtouren werden so genannte Einfachseile verwendet. Diese sind auf der Banderole am Seilende mit dem Symbol ① gekennzeichnet. Der Durchmesser von Einfachseilen reicht von 9,4 bis 11,5 mm, sie dürfen im einfachen Strang benutzt werden. Für das Anseilen ausschließlich am Gletscher und für kurze Passagen im Schnee oder Eis, wo das Seil nicht mit scharfen Felskanten in Berührung kommen kann, ist ein Halbseil als Einzelstrang ausreichend. Zum Klettern in Seilschaft in Fels-, Eis- oder kombiniertem Gelände muss entweder ein Einfachseil, zwei Halbseile (Markierung ⨌) oder zwei Zwillingsseile im Doppelstrang (Markierung ⨂) verwendet werden.

Karabiner

Für die universell empfehlenswerte Halbmastwurf-Sicherung dürfen nur birnenförmige Verschlusskarabiner mit Schraubverschluss verwendet werden (HMS-Karabiner). Zur Selbstsicherung und zum Anseilen für die Gletscherseilschaft genügen Verschlusskarabiner in D-Form. Normalkarabiner in D-Form (die zum Beispiel in Expressschlingen Verwendung finden) werden für die Seilführung und Aufhängung in Haken verwendet.

Hinweis:
• Bei jeder Gletscherbegehung empfiehlt sich die Mitnahme eines Standardsets, das minimal Folgendes enthält: 2 Verschlusskarabiner, 4 gleiche Normalkarabiner, jeweils 1 körperlange, halbkörperlange und kurze Prusikschlinge, 2 Bandschlingen, Eisschrauben je nach Verhältnissen. Anstelle der Prusikschlingen eignen sich auch Rücklaufsperren aus Leichtmetall.

Bergsteiger-schutzhelm

Ein Helm schützt den Bergsteiger vor herabfallenden Steinen und Eisbrocken sowie bei einem Sturz und bei unkontrollierten Kletterbewegungen. Entscheidend ist der richtige Sitz des Helms. Er sollte weder seitlich noch nach vorne und hinten wackeln sowie eine Belüftung und verstellbare Trageriemen aufweisen. Bei Hochtouren wird oft noch eine eng anliegende Kopfbedeckung unter dem Helm getragen.

Praxistipp:
• Ein Helm sollte eine funktionelle Stirnlampenbefestigung aufweisen.

Bandschlingen, Reepschnüre

Reepschnüre (Prusikschlingen) sind mit unterschiedlichen Durchmessern, Bandschlingen in unterschiedlichen Breiten erhältlich. Letztere dienen als Zwischensicherungen. Sie können aber auch zum Bau eines Standplatzes, eines T-Ankers oder einer Umlenkung verwendet werden. Die gebräuchlichsten Längen sind die Schulterschlinge (Nutzlänge 60 cm, Gesamtlänge 120 cm) und die Standschlinge (Nutzlänge 120 cm, Gesamtlänge 240 cm). Reepschnüre sind bei der Spaltenbergung für die Selbstrettung und für die Sicherung notwendig.

Klemmgeräte aus Leichtmetall

Für die Rücklaufsperre beim Prusiken oder bei der Spaltenbergung werden im Handel mechanische Rücklaufsperren aus Leichtmetall angeboten (z. B. Ropeman). Wichtig ist, dass sie nur gemäß der Bedienungsanleitung verwendet und nicht zweckentfremdet werden. Jümar-Steigklemmen werden ausschließlich zum Aufstieg an Fixseilen bei Expeditionen verwendet und sind für den Hochtourengebrauch zu groß und zu schwer.

Eispickel

Ein Eispickel dient nicht nur zum Stufenschlagen und zum Aufstützen, sondern auch als T-Anker im gut verfestigten Firn und Schnee oder als Bremse im Falle eines Sturzes auf einem Schneefeld.

Spazierstockpickel

Für einfache Gletscherwanderungen haben sich Eispickel inklusive Handschlaufe und mit einer schwach gekrümmten Universalhaue gut bewährt. Eine an der Rückseite der Haue angebrachte Schaufel erleichtert das Wegschaufeln und Wegkratzen von Schnee, Firn und Eis sowie das Schlagen von Stufen. Die Länge eines Spazierstockpickels sollte so ge-

wählt sein, dass der Pickel am ausgestreckten Arm mit der Spitze den Boden gerade nicht berührt. Beim Material darf bedenkenlos zum leichtesten gegriffen werden.

Hochtourenpickel

Hochtourenpickel werden in der Regel kürzer gewählt, sodass auch kleine Eiswände mit ihnen bewältigt werden können. Hierfür eignet sich eine mittlere Hauenkrümmung, um etwas weniger Sprengwirkung am Eis hervorzurufen.

Steileispickel (Eisgeräte)

Steileispickel, auch Eisgeräte oder Eisbeile genannt, werden in Längen bis ca. 50 cm gewählt. Damit hält sich das Verhältnis von optimaler Schlagwucht und Hebelwirkung im Gleichgewicht. Eisgeräte werden nur zum Eisklettern benötigt. Deshalb sollten zwei Geräte mit starker Hauenkrümmung und scharfem Schliff für perfekten »Biss« verwendet werden. Während eines der beiden Eisgerät eine Schaufel hat, verwendet man am anderen Hauenende einen Hammerkopf, der im Kombigelände zum Hakenschlagen benutzt werden kann.

Spazier-stock-pickel

Eisgerät mit Wechsel-system

Grundsätzlich gilt: Je steiler die Tour ist, desto gekrümmter darf der Schaft sein. Dies erlaubt mehr Freiheit beim Schlagen und schützt auch die Fingerknöchel vor Anschlag. Der Schaft muss unbedingt kälteisoliert sein. Nahezu alle Hersteller bieten auswechselbare Hauensysteme an. Das ist sinnvoll, wenn einmal eine Haue bricht, was allerdings selten vorkommt, oder wenn eine andere Hauenform gewählt werden soll.

Praxistipps:
• Viel Wert sollte auf ein Handschlaufensystem gelegt werden, das ohne große Schwierigkeiten einhändig an- und abzulegen ist.
• Eine am unteren Schaftende vorspringende Spitze schützt die Finger vor Anprall.
• Je leichter das Eisgerät ist, desto langsamer ermüden die Arme vom ständigen Hochheben und Einschlagen.

Steigeisen

Für ein sicheres Gehen im durchgefrorenen, harten Schnee und Firn benötigt man Steigeisen. Kurze Passagen können zwar mit Hilfe von geschlagenen Stufen bewältigt werden, doch ist es oft weniger zeitaufwändig, gleich die Steigeisen anzulegen. Für einfache Gletscherwanderungen sind klassische Zehnzacker-Steigeisen mit acht Vertikalzacken und zwei Frontalzacken am universellsten einsetzbar. Die Frontalzacken sollten in etwa horizontal nach vorne wegstehen,

Steigeisen mit Front- und Fersenkorb

dies ergibt eine gute Auflagefläche im Firn und somit guten Halt. Das zweite nachfolgende Zackenpaar darf dann schon fast vertikal nach unten stehen. Da auf einfachen Gletschertouren feste Trekkingstiefel noch ausreichen, diese aber häufig keinen ausgewiesenen Schuhrand für Steigeisenbindungen aufweisen, muss man auf Bindungssysteme mit Front- und Fersenkorb aus Plastikbügeln zurückgreifen. Die ältere Methode mit Neoprenberiemung ist fast nicht mehr anzutreffen. Steigeisen für Gletscherwanderungen werden am besten mit einem beweglichen Gelenk verwendet. Dies erhöht den Gehkomfort beim Abrollen deutlich und beugt ermüdeten Fußgelenken vor.

Auf anspruchsvollen Hochtouren wie zum Beispiel dem Biancograt werden Steigeisen mit zwölf Zacken verwendet. Dies erlaubt in steileren Eispassagen sicheres Vorankommen mit der Frontalzackentechnik. Empfehlenswert sind für solche Touren Kipphebelbindungen, vorausgesetzt, man hat den passenden Schuh dazu. Bei dieser Kombination kann das Steigeisen dann fast nicht mehr verrutschen. Zu berücksichtigen ist auf Hochtouren auch der häufige Felskontakt, weshalb sich für diesen Zweck der Kauf eines Eisens aus einem härteren Material wie Stahl lohnt.

Titan ist stabil und leicht, dafür aber auch teurer. Beim Klettern von Eisflanken und -wänden kann auf Extremsteigeisen mit starrem Gestänge für solides Stehen zurückgegriffen werden. Zwei steile vordere Zackenpaare, ein scharfer Schliff der Zacken, variable Einstellmöglichkeiten für festen Sitz sind die Kriterien, die ein Steigeisen für diesen Zweck erfüllen muss.

Praxistipps:
- Zacken regelmäßig mit einer Feile an der schmalen Seite schärfen.
- Steigeisen vor der Tour optimal anpassen.
- Beim Steigeisenkauf den eigenen Schuh mit ins Geschäft nehmen.
- Antistollplatten aus Gummi vermindern die gefährlichen Schneestollen zwischen dem Steigeisengestänge.

Sicherungsmittel

Auf Hochtour können beim Klettern mobile Sicherungsmittel wie beispielsweise Klemmkeile und Haken im Fels und Eisschrauben im Eis zum Einsatz kommen.

Hinweis:
- Ihr Einsatz und richtiger Gebrauch sollte nur unter fachkundiger Anleitung erlernt werden.

Oben links: Steigeisen mit Kipp-hebel-bindung

Klemmkeile

Klemmkeile sind mobile Zwischensicherungen, die nach Gebrauch entfernt werden können, ohne Spuren am Felsen zu hinterlassen.

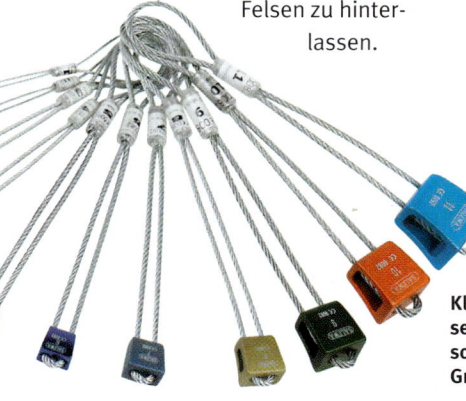

Klemmkeilset mit verschiedenen Größen

Sie werden überwiegend in sich konisch verengenden Rissen platziert und können sehr große Haltewerte erreichen.

Felshaken

Beim Klettern oder beim Abseilen kann es vorkommen, dass an den Standplätzen und Zwischensicherungsstellen Haken fehlen und diese Stellen mit Keilen o. ä. nicht abgesichert werden können. Das Anbringen von Haken mit einem Felshammer in Risse und Spalten stellt dann die letzte Sicherungsmöglichkeit dar.

Friends

Dies sind Klemmgeräte mit verstellbaren Segmenten, die sich zum Anbringen in Rissen eignen. Auf einigen Hochtouren können Friends mittlerer Größe ein Klemmkeilset sinnvoll ergänzen.

katen muss auf eine hohe Haltekraft, die deutlich über der normgerechten Mindesthaltekraft von 10 Kilonewton (kN) liegen sollte, geachtet werden. Qualitativ hochwertige Eisschrauben aus Titan erreichen sogar Haltekräfte von über 20 kN. Durchgesetzt hat sich heute eine besondere Stahlvariante. Die Nutzlängen von Eisschrauben liegen je nach Verhältnissen und Einsatzzweck bei 15 bis 20 cm für Standschrauben, für dünne Eisauflage auch kürzer (bis 10 cm). Eisschrauben mit Kurbel oder großer Lasche erleichtern das Eindrehen per Hand.

Friendset mit verschiedenen Größen

Eisschrauben

Am besten sind Eisschrauben mit Kurbel zum schnellen Ein- und Ausdrehen.

Im festen Eis sind richtig gesetzte Eisschrauben ein zuverlässiges Sicherungsmittel. Bei den im Handel angebotenen Fabri-

Praxistipps:

• Eine Eisschraube sollte vier Zähne und ein scharf geschliffenes Gewinde aufweisen.
• Stumpfe Zähne sollten nachgeschliffen werden.

GEHEN UND STEIGEN OHNE STEIGEISEN

Die grundlegendste Bewegung auf Hochtouren ist das Gehen. Wird das Gelände steil und stufig, erfolgt das Steigen. Mit diesen beiden Bewegungsformen können Hochtourengeher die meisten Touren bewältigen. In schwierigerem Gelände ist der Gebrauch der Hände zum Erhalt des Gleichgewichts erforderlich und es müssen Klettertechniken beherrscht werden.

Gehen und Steigen gehören von Kindheit an zur Alltagsmotorik des Menschen und sind deshalb bestens vertraut. Da Hochtouren jedoch überwiegend durch wegloses Gelände führen, erfordert das Gehen und Steigen beim Aufsetzen der Füße sehr viel Konzentration und ein gutes Orientierungsgefühl. Nur manchmal finden sich sparsame Markierungen mit Steinmännern oder hin und wieder alte Trittspuren, welche die ungefähre Richtung vorgeben. Generell sollte der ökonomischste Weg gewählt werden. Das heißt, Serpentinen mit gleichbleibender Neigung sind einem steilen Direktaufstieg vorzuziehen.

Bei griffigem Schnee und guter Spur kann auf Steigeisen verzichtet werden.

Flaches Gelände

Das Gehen in flachem Gelände erfolgt im natürlichen Diagonalschritt der Beine, die Arme schwingen dabei gegengleich zu den Beinen vor und zurück. Im Großen und Ganzen stellt diese Bewegungstechnik keine größeren Anforderungen an den Hochtourengeher, dennoch sind auch hier einige Kleinigkeiten zu beachten.

Praxistipps:
● Auf das Schrittumfeld blicken.
● Tempo so gestalten, dass Puls und Atmung gleichmäßig arbeiten.
● Auf größere lose Steine und Unebenheiten achten!

Bergaufgehen

Steigt das Gelände an, verringern sich die Schrittlänge und Schrittfrequenz deutlich, was eine spürbare Abnahme des Gehtempos bewirkt. Markant sind ein verstärkter Abdruck vom Vorderfuß, eine etwas längere Hubphase des Körpers und eine deutlichere Verlagerung des Körperschwerpunktes.

Bergabgehen

Geht es den Berg hinunter, muss besonders der Schwerkraft entgegengewirkt werden. Die Beine haben den talwärts schiebenden Körper abzubremsen und zu halten. Man sollte dabei nicht von einem Schritt in den nächsten fallen, sondern die Schritte mit Hilfe der Sprung-, Knie- und Hüftgelenke fließend und geschmeidig ausbalancieren.

Praxistipps:
● Den Schrittverlauf weit vorausplanen und kleine Schritte wählen.
● Immer möglichst viel Sohlenfläche aufsetzen.
● Auf lose Steine und Felsen achten – keinen Steinschlag auslösen!

Steiles Gelände

Pfade und Steige sind mit Stufen und Absätzen versehen. Die unregelmäßige Verteilung der Steighöhen unterbricht den Gehrhythmus und stört das Gleichgewicht.

Bergaufsteigen

Wird der Untergrund stufig und ist er mit Absätzen versehen, dann müssen diese kleinen Hindernisse ähnlich wie beim treppauf Gehen mit Steigen bewältigt werden.

Bewegungsmerkmale:
▌ Überhüftbreite Beinstellung.
▌ Schwerpunktverlagerung über das Standbein.

❚ Das unbelastete Bein wird über das Hindernis angehoben und mit stark angewinkeltem Kniegelenk nach vorn geführt.

❚ Den Körper durch das Strecken des Beines anheben und den Körperschwerpunkt gleichzeitig mit etwas Schwung über das neue Standbein führen.

Bergabsteigen

Das Bergabsteigen stellt hohe Ansprüche an die Koordination und wird durch die Schwerkraft sowie den Rucksack erschwert. Bergsteiger mit Kniebeschwerden sollten unbedingt Tourenstöcke benutzen, um die Kniegelenke zu entlasten.

Bewegungsmerkmale:

❚ Überhüftbreite Beinstellung.

❚ Schwerpunktverlagerung über das Standbein.

❚ Das belastete Standbein im Kniegelenk beugen und den Oberkörper nach vorn neigen.

❚ Das unbelastete Bein anheben und nach unten führen. Den Fuß je nach Gelände entweder mit der Ferse oder dem Vorderfuß aufsetzen.

❚ Körperschwung sofort weich abbremsen und den Körperschwerpunkt über das neue Standbein führen.

Das Bergaufsteigen wird vor allem im Blockgelände zum Balanceakt.

Steile Wiesen

Alpine Polsterrasen können mitunter extrem steil sein und bergen bei Stolpern oder Ausrutschen Absturzgefahr. Besonders bei Nässe ist dieses Gelände sehr schwierig zu begehen.

Bewegungsmerkmale:

❚ Sohlenrand im Steilhang seitlich einkerben, dazu Fußgelenk ungefähr horizontal fixieren.

❚ Körperschwerpunkt unbedingt mittig über der Standfläche halten, um Ausrutscher zu vermeiden. Keine Körperrücklage!

❚ Beim seitlichen Auf- und Abstieg eventuell mit den Händen abstützen. Dabei den Körperschwerpunkt nicht zu sehr zum Hang neigen, sonst rutschen die Füße weg.

❚ Nach Rasenpolstern, Absätzen und sonstigen Verflachungen Ausschau halten.
❚ Eingewachsene große Steine als Tritt nutzen.

Schrofen

Schrofen sind mittelsteile bis steile Fels-flanken, die durch kleine Absätze und Bänder unterbrochen sind. Auf diesen liegt häufig loser Schotter oder auch größere Steine. Je nach Höhenlage finden sich auch Rasenpolster vor. Da Schrofen das Anbringen von Sicherungs-mitteln kaum zulassen und Sichern zu zeitraubend wäre, wird meistens seilfrei gegangen. Vor allem bei Nässe sind Schrofen unbedingt zu meiden.

Beim Schrofen-anstieg sollte eng aufgeschlos-sen gestie-gen werden. Die Stöcke am besten am Rucksack tragen.

Praxistipps:
● Auf- und Abstieg durch Schrofen von einem Übersichtspunkt aus vorausplanen.
● In einer Gruppe eng aufeinander bleiben, damit losgetretene Steine nicht in großer »Fahrt« auf die Nach-folgenden zukommen.
● Keinen Steinschlag auslösen.
● Lose erscheinende Griffe und Tritte auf Festigkeit prüfen (Anschlagen, nicht anreißen!).

Blockwerk, Geröll und Schotter

Blockwerk findet sich in Karen, Schotter-halden und in den Moränenbereichen seitlich der Gletscher. Die Wandverwit-terung und Frostsprengung sorgen für die stetige Veränderung dieses Gelän-des, weswegen kaum Wege angelegt werden. Für das Begehen gelten folgen-de Grundsätze:

Grobes Blockwerk
➤ Besonders zum Aufstieg ge-eignet.
➤ Auf den Einsatz der Stöcke eher verzichten, da sie sich leicht verkeilen können.
➤ Möglichst die ganze Schuhsohle oder Vorderballen aufsetzen.
➤ Teilweise müssen große, dynamische Schritte oder auch Sprünge ausgeführt werden.

➤ Hände zum Gleichgewichtserhalt einsetzen.
➤ Achtung vor großen wackeligen Blöcken.

**Links:
Abstieg in Schotter-
gelände**

**Ganz links:
Gehen in
grobem
Blockwerk**

Geröll und Schotter

➤ Beim unvermeidlichen Auf- und Abstieg durch Geröll und Schotter feste größere Blöcke als Tritt suchen.
➤ Vorsicht vor feinem Schotter auf geneigten Felsplatten. Sturzgefahr!
➤ Bei tiefem Schotter ist auch das so genannte Abfahren möglich.

Bewegungsmerkmale Abfahren:

▮ Breite Beinstellung.
▮ Gebückte Oberkörpervorlage, der

Körperschwerpunkt sollte sich zentral über den Fußsohlen befinden, um ein Stürzen wegen zu starker Rücklage zu vermeiden.
▮ Deutlicher Wiegeschritt.
▮ Beim Aufsetzen des Fußes Ferse einkeilen.

Schnee und Firn

Auf verschneiten Gletschern, bei Neuschneefall nach einem Wettersturz, in Schneeflanken und bei Schartenübergängen sind Hochtourengeher mit dem Gehen und Steigen in Schnee und Firn konfrontiert.

Direktaufstieg in weichem Schnee

❚ Mindestens hüftbreite Beinstellung.
❚ Schwerpunktverlagerung über das Standbein.
❚ Das unbelastete Bein wird angehoben und mit angewinkeltem Kniegelenk nach vorn geführt.
❚ Den Fuß mit möglichst viel Sohlenfläche horizontal oder leicht nach innen geneigt aufsetzen.
❚ Den Fuß belasten und den Schnee durch das Körpergewicht langsam verdichten.
❚ Körper durch Strecken des Beines anheben und den Körperschwerpunkt gleichzeitig mit etwas Schwung über das neue Standbein führen.

Direktabstieg in weichem Schnee

❚ Überhüftbreite Beinstellung.
❚ Die Schwerpunktverlagerung erfolgt über das Standbein.
❚ Das belastete Standbein im Kniegelenk stark beugen und den Oberkörper nach vorn neigen.
❚ Das unbelastete Bein anheben und nach unten führen. Den Fuß mit der Ferse in den Schnee keilen und Fußspitze leicht anheben. Keine Körperrücklage!
❚ Körpergewicht sofort abfangen und den Körperschwerpunkt über das neue Standbein führen.

Beim Aufstieg im Schnee müssen die Tritte deutlich herausgearbeitet werden.

Rechts: Das Anheben der Schuhspitze hat im Abstieg eine bremsende Funktion.

Querung in weichem Schnee

❚ Hüftbreite Beinstellung.

❚ Schwerpunktverlagerung über das Standbein.

❚ Fuß mit möglichst viel Sohlenfläche horizontal oder leicht nach innen geneigt aufsetzen.

❚ Fuß belasten und Schnee langsam verdichten.

❚ Körper durch Strecken des Beines anheben und den Körperschwerpunkt gleichzeitig mit etwas Schwung über das neue Standbein führen.

❚ Ist das Gelände sehr steil, wendet man die Körpervorderseite in Liegestütz-stellung zum Berg und quert mit seit-lichen Nachstellschritten.

Abfahren

Ist das Gelände ausreichend steil und die Schneedecke leicht aufgefirnt oder besser noch sehr weich, kann auf den Schuhsohlen abgefahren werden.

❚ Überhüftbreite Beinstellung und leichte Schrittstellung.

❚ Oberkörpervorlage einnehmen und Schuhsohlen flach stellen.

❚ Zu starke Rücklage vermeiden, um ein Wegrutschen der Füße nach vorn zu verhindern.

❚ In allen Beingelenken reaktionsbereit sein und Hangabtriebskraft wirken lassen.

❚ Zum Bremsen Fußspitzen anziehen, Stöcke entgegen stemmend einsetzen.

Querungen im Schnee kommen manchmal einem Balanceakt nahe.

Das Abfahren im Schnee ist wohl die knie-schonendste Abstiegs-möglichkeit.

Hinweise:
- In der Nähe von großen Blöcken, Wasserläufen und am Ende von Schneefeldern finden sich oft Hohlräume im Schnee. Hier besteht Einbruchgefahr! Tempo verringern und vorsichtig gehen.
- Besonders die Übergangsbereiche von Blankeis zum Schnee müssen vorsichtig begangen werden.

Rechts: Sichelartiges Vorschwingen des Schuhs zum Tritt einkerben

Harter Altschnee

Altschneefelder können über Nacht stark durchfrieren und bilden eine harte und kompakte Oberfläche. Nur flaches Gelände kann noch ohne Steigeisen begangen werden. Empfehlenswert ist die Verwendung von Stöcken oder eines

Tritte einkerben beim Queren

Pickels. Nackte Hautpartien sollten unbedingt bedeckt werden, da die körnige Oberfläche im Sturzfall Verletzungen hervorrufen kann.

Da sich der Schnee kaum mehr verdichten lässt, müssen die Tritte mit dem Schuhrand in den Schnee eingeschlagen bzw. eingekerbt und eingeritzt werden.

Für den Aufstieg eignen sich bis zu einer mittleren Hangneigung von 30 Grad Serpentinen. Dabei den bergseitigen Fuß sichelartig nach vorn schwingen und den Schuhrand in den Schnee kerben. Je härter der Schnee ist, desto öfter muss der Tritt verbessert werden. Den talseitigen Fuß im Sprunggelenk bergseitig nach innen kippen und den Tritt einkerben bzw. einritzen.

Beim Abstieg entweder die Serpentinentechnik wie beim Aufstieg wählen oder direkt absteigen und Ferse einkerben.

Mit Hilfe eines Eispickels können Stufen geschlagen werden. Diese sollten leicht hangwärts geneigt sein, um ein Herausrutschen aus dem Tritt zu vermeiden.

Sturz abbremsen

Im Falle des Ausrut-
schens besteht die Ge-
fahr des Absturzes über
das ganze Schneefeld.
Nur wer automatisch die
richtige Bremstechnik
anwendet, hat noch eine
Chance, zum Stillstand
zu kommen.

Brems-
stellung mit
hoher
Körper-
spannung

❚ Nach dem Fallen so-
fort in Bauchlage dre-
hen und den Körper
durch Einnehmen
einer Liegestützstel-
lung vom Hang
wegdrücken.
❚ Beine und Arme
spreizen und mit den
Händen und Fußspit-
zen bremsen.

Bremsen mit
Stöcken
beim plötz-
lichen Tritt-
ausbruch im
weichen
Schnee auf
hartem
Untergrund

Pickelbremse

Technik des Stufen Schlagens

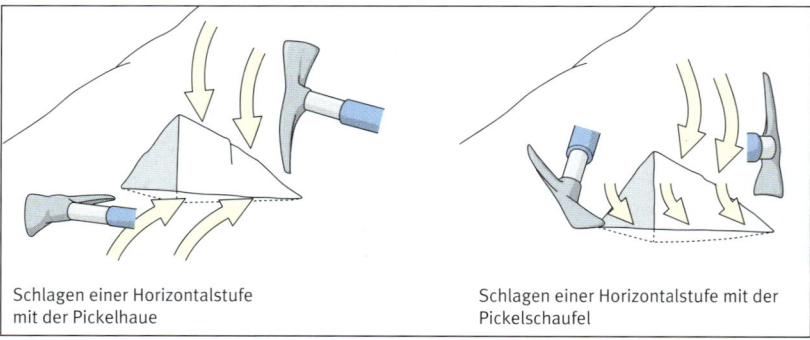

Schlagen einer Horizontalstufe mit der Pickelhaue

Schlagen einer Horizontalstufe mit der Pickelschaufel

Stufen schlagen

Im Normalfall überwindet man Passagen in hartem Altschnee oder in Blankeis mit Steigeisen. Hat man diese nicht dabei oder muss nur eine kleine Steilstufe überwunden werden, empfiehlt es sich, Stufen zu schlagen und zu begehen.

Kleine Steilstufen im Eis können mit Stufenschlagen überwunden werden.

Einsatz von Tourenstöcken

Mittlerweile ist der gesundheitliche Vorteil des Einsatzes von Tourenstöcken hinreichend bekannt und für viele Hochtourengeher gehören sie zur Standardausrüstung. Bei Verwendung der Stöcke wird das Gewicht des Körpers inklusive der mitgeführten Ausrüstung auf vier anstatt auf zwei Punkte verteilt. Dadurch werden die Sprung-, Knie- und Hüftgelenke beim Aufstieg und vor allem beim Abstieg entlastet. Besonders die Gelenkknorpel und Meniskusscheiben des Kniegelenks erfahren im Verlauf einer Hochtour mit Tourenstöcken eine Entlastung von mehreren Tonnen pro Stunde. Beim Abstieg über große Stufen werden die auftretenden Schläge auf die Wirbelsäule stark vermindert. Untersuchungen haben zudem gezeigt, dass die Verwendung von Stöcken zu einer aufrechten Haltung des Oberkörpers führt und somit eine bessere Brustkorbatmung ermöglicht.

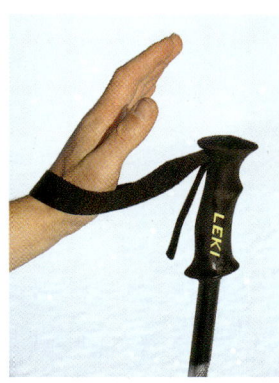  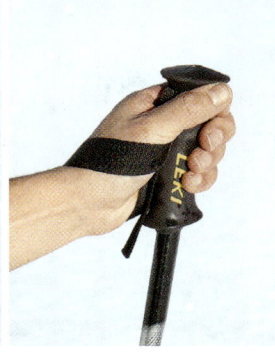

Das richtige
Anlegen
der Stöcke

Die Kräftigung der gesamten Oberkörpermuskulatur ist ein weiterer positiver Nebeneffekt. Beim Bergaufgehen wird durch den Stockeinsatz etwas Kraft der Beinmuskeln gespart und in schwierigeren Wegabschnitten und matschigem Untergrund verbessern Stöcke die Stabilität des Gleichgewichts. Beim Ansteigen über lange Schneeflanken können Stöcke eine enorme Erleichterung darstellen. Ein Nachteil ist jedoch, dass sie im Sturzfall zum Bremsen nicht so gut eingesetzt werden können wie ein Pickel.

❚ Die Stockspitze wird auf Höhe des gegenüber stehenden Fußes oder kurz davor platziert.
❚ Beim Weitergehen erfolgt zeitgleich zur Beinstreckung der Armabstoß durch Streckung des Armes.

Diagonaler Stockeinsatz

In ebenerdigem und schwach auf- oder abwärts geneigtem Gelände entspricht der diagonale Stockeinsatz dem natürlichen Bewegungsmuster des Gehens.

Bewegungsmerkmale
❚ Der nach vorn pendelnde Arm führt den Stock parallel zum Körper mit.

Mit dem diagonalen Stockeinsatz kann auch ein schnelleres Tempo gegangen werden.

Mit dem Doppelstockeinsatz wird der Oberkörper am besten gestützt.

Rechts: Der Doppelstockeinsatz im Abstieg kann Knieschmerzen vorbeugen.

Bei Querungen sollte man den bergseitigen Stock tiefer fassen, damit man nicht vom Berg weggeschoben wird.

Doppelstockeinsatz

Der Doppelstockeinsatz erfolgt meistens in steilem Auf- und Abstiegsgelände.

Querungen

Auf Routenabschnitten, die über längere Strecken hangparallel verlaufen, kann folgendermaßen verfahren werden:

➤ Den talseitigen Stock am Griff halten und sich darauf abstützen.
➤ Den bergseitigen Stock unterhalb des Griffs greifen.

Praxistipp:
● Unterstützend kann ein Eispickel verwendet werden.

➤ Die Stöcke parallel aufeinander legen und schräg vor dem angewinkelten Körper halten.
➤ Die Stockgriffe schräg in Richtung Himmel halten.
➤ Die Stockspitzen zeigen schräg hangwärts nach unten.
➤ Stockeinsatz mit beiden Armen – dem Gehtempo und Gelände angepasst – zwischen Knie- und Hüftbereich ausführen.
➤ Im Falle des Wegrutschens mit den Armen auf die Stöcke stützen und mit den Stöcken bremsen.

Gehen mit Eispickel und Stock

Die Verwendung der Stöcke im Seitstütz ist eine ideale Gleichgewichtshilfe.

Seitstütz

Alternativ können die Stöcke bei Querungen auch im Seitstütz benutzt werden:

KLETTERTECHNIKEN IM FELS UND IN KOMBINIERTEM GELÄNDE

Die Kontrolle des Körperschwerpunktes steht im Mittelpunkt jeder Felskletter-technik. Im Gegensatz zum Sport- oder Felsklettern trägt man auf Hochtouren jedoch keine Reibungskletterschuhe, sondern robuste Bergstiefel. Deshalb und weil meistens noch ein schwerer Rucksack auf den Schultern lastet, müssen die grundlegenden Klettertech-niken besonders gut beherrscht wer-den. Auf Hochtouren findet man zudem keine sicheren Bohrhakenreihen in sturzfreundlichem Abstand vor, was im Gegensatz zum Sportklettern das Klet-tern an der Sturzgrenze verbietet. Viel-mehr sind reversible Kletterbewegun-gen mit Sicherheitsreserven gefragt, um z. B. Zeit für die Routenfindung zu haben.

Praxistipps:
- Zur Übung ist es empfehlenswert, die Klettertechniken mit Bergstie-feln und Rucksack im Klettergarten toprope gesichert zu trainieren.
- In brüchigem Gelände empfiehlt sich die Dreipunktregel: Immer nur eine Hand oder ein Fuß wird be-wegt, die restlichen drei Punkte befinden sich am Fels.

Grundlegende Klettertechniken

Unbelastet weitertreten

Unbelastetes Weitertreten mit einem Bein ist die wichtigste Voraussetzung, um in der Folge mit dem Fuß kontrol-liert antreten zu können. Der zu verset-zende Fuß wird durch eine deutliche Seitwärtsverlagerung des Körper-schwerpunkts vom Körpergewicht ent-lastet. Dadurch wird das Bein frei für das Weitertreten.

Unbelastet Weitertreten durch Verlagerung des Körperschwerpunkts (KSP) nach links
1: Ausgangsstellung
2: KSP-Verlagerung nach links
3: Antreten mit rechtem Fuß

Bewegungsmerkmale:

▮ Frontale Ausgangsstellung.

▮ Der Körperschwerpunkt wird seitlich über die Trittfläche des Standbeines verlagert.

▮ Unbelastetes Weitertreten des Tretbeines, im Knie beugen, Fuß zum Zieltritt führen.

Treten

Die Füße sind die Standpunkte des Körpers und müssen dessen Gewicht tragen sowie die Stütz- und Stemmarbeit der Beine unterstützen. Nach dem unbelas-

teten Weitertreten mit dem Tretbein wird der dazugehörige Fuß auf den Zieltritt platziert und belastet. Einfachste Grundlage ist das frontale Antreten.

Hinweis:

● Alternativ kann auch mit der Innenkante oder der Außenkante des Fußes angetreten werden. Hier wird das Knie nach außen beziehungsweise nach innen gedreht.

Greifen

Das Halten von Felsgriffen bewahrt den Körper vor dem Abkippen nach hinten und unterstützt die Stütz-, Stemm- und Zugarbeit der Arme. Alle Griffarten können in den Zugrichtungen nach unten, nach oben und zur Seite auftreten. Grundsätzlich sollte man so oft wie möglich mit der Hand stützen und die Arme lang lassen. Am häufigsten erfolgt das Greifen an Leisten.

Spreizen und Stützen

Durch das Ausspreizen der Beine auf weit auseinanderliegende Tritte vergrößert sich die Standfläche und der Körperschwerpunkt senkt sich ab. Dadurch wird diese Position sehr stabil und wirkt kraftsparend (dies gilt nicht,

wenn eine eingeschränkte Hüft- und Beinbeweglichkeit zu großen Muskelspannungen und somit zu Verkrampfung führt). Das Spreizen und Stützen kommt besonders in Verschneidungen und Kaminen zur Anwendung. Wechselt man diese Technik von rechter zu linker Körperseite ab, dann kann ein flüssiger Bewegungsablauf entstehen, der ohne starke Zugarbeit der Arme auskommt.

Bewegungsmerkmale:
❚ Hände und Füße auf jeweils gleicher Höhe, beide Knie auswärts gedreht.
❚ Linker Arm stützt gestreckt mit linker Stützhand auf Hüfthöhe.

Spreizen und Stützen, Weitertreten mit dem linken Bein

▌Linkes Tretbein tritt unbelastet weiter, linker Fuß tritt an.

▌Rumpf dreht sich nach rechts.

▌Rechter Arm stützt gestreckt mit rechter Stützhand auf Hüfthöhe.

▌Rechtes Tretbein tritt unbelastet weiter, rechter Fuß tritt an.

Verschieben des Körperschwerpunkts aus der Falllinie zwischen den Händen und Füßen entsteht ein verstärkter Zug der Hände an den Griffen und ein verstärkter Druck der Füße auf die Tritte. Diese entgegengerichteten Kräfte bilden einen Gegendruck, dem der Kletterer mit Körperspannung widerstehen muss, um das unbelastete Weitertreten und Weitergreifen zu ermöglichen. Die auftretenden Gegendruckkräfte erschweren das längere Verweilen in dieser Position und zwingen deshalb bei Rissen, Kanten oder Hangelleisten zu zügigem Klettern und in glatten Wänden zum zeitweisen Zurückführen des Körperschwerpunkts über die Standfläche.

Gegendruck- technik

Reibungstechnik

Geschlossene Platten ohne Zuggriffe und ohne Leisten- oder Lochtritte können schon bei geringer Wandneigung eine schwierige Aufgabe sein. Beim Klettern von Platten ist es wichtig, den Körperschwerpunkt über der Standfläche zu halten. Dadurch gerät der Oberkörper ein Stück vom Fels weg und erzeugt Druck auf die Tritte. Liegt der Oberkörper zu nah an der Wand, können die Füße wegrutschen. Der Bewegungsablauf erfolgt wie beim unbelasteten Weitertreten.

Gegendrucktechnik

Mit der Gegendrucktechnik können Wandstrukturen wie Risse, Hangelleisten und Kanten erklettert werden. Auch bei Wandkletterei verwendet man sehr häufig das Gegendruckprinzip. Durch

Reibungs-
technik,
Pickel in
griffbereiter
Aufbe-
wahrung

breite ergeben sich Körperriss, Schul-
terriss, Faustriss, Handriss und Finger-
riss. Beim Klettern werden die genannten Körperteile im Riss platziert und
durch Verdrehen verklemmt. Besonders
an konisch zulaufenden Felsspalten
ergeben sich gute Haltemöglichkeiten
für die Hände.

Hinweis:
● Anders als mit einem schmalen
Reibungskletterschuh lassen sich die
Spitzen von Bergstiefeln nicht so
einfach zum Treten und Verkeilen in
Risse einführen.

Hinweis:
● Da sich die Profilsohlen von Bergstiefeln wenig
durchbiegen lassen, kann bei steilen Reibungs-
platten wenig Felskontakt hergestellt werden. Da
das Stehen auf den Schuhspitzen anstrengend ist,
sollte unbedingt nach Verflachungen und Leisten
als Trittmöglichkeiten Ausschau gehalten werden.

Rissklettern

Enge Felsspalten, in denen der Körper
nur seitlich oder gar nicht mehr hinein-
passt und in denen die Knie nicht mehr
angehoben werden können, werden

Rissklettern   Risse genannt. Mit abnehmender Riss-

Stemmen

Große Felsspalten, die breiter als der menschliche Körper sind, werden Kamine genannt. Diese können mit der Stemmtechnik erklettert werden. Dabei wird der Gegendruck zwischen dem Rücken und den Füßen, Händen oder Knien genutzt. Der Körperhub erfolgt durch das Auflösen des Gegendrucks und das Hochstemmen des Körpers durch Strecken der Arme und Beine.

Abklettern

Gerade im I. und II. Schwierigkeitsgrad kann stellenweise noch mit dem Gesicht zum Tal abgeklettert werden. Der Bergsteiger verspreizt sich hier förmlich zwischen den Griffen und Tritten. Wird das Gelände schwieriger und steiler, dann muss mit dem Gesicht zum Felsen abgeklettert werden. Eine Mischform ist das seitliche Abklettern.

Abklettern, Pickel verwahrt (oben) und mit Handschlaufe gesichert (links)

Klettern in kombiniertem Gelände

Treten Schnee, Eis und Fels gleichzeitig auf, spricht man von kombiniertem Gelände. Diese Sonderform stellt die höchsten Ansprüche an den Hochtourengeher, ist aber auch besonders reizvoll. Um bei Eiskontakt sicher stehen zu können, werden auch im Fels die Steigeisen getragen. Ist im Vorhinein bekannt, dass man mit diesem Gelände in Berührung kommt, sollten Steigeisen getragen werden, deren zweites Zackenpaar nicht zu stark nach vorne geneigt ist, um ein Weghebeln des ersten Zackenpaares zu vermeiden.

Klettern mit Steigeisen

Praxistipps:
● Bei Schneekontakt ist das Klettern mit Handschuhen unumgänglich. Bewährt haben sich eng anliegende Fingerlinge, Fingerlinge mit abgeschnittenen Fingerkuppen oder Fäustlinge mit wegklappbaren Vorderteilen. Wenn die Handschuhe zum Klettern ausgezogen werden, sollten diese mit Fangleinen gesichert werden.
● Beim Felsklettern kann der Pickel mit der Handschlaufe lose am Handgelenk hängend mitgeführt werden. Alternativ wird der Pickel in speziellen Aufnahmevorrichtungen am Gurt oder im Tragesystem des Rucksacks verstaut transportiert.
● Verschneite Passagen müssen häufig erst mit den Händen vom Schnee befreit werden, um darunter liegende Griffe zu erreichen. Eis muss eventuell weggepickelt werden.
● Absätze und stark einwärts geneigte Griffe können auch mit der Haue des Pickels gehalten (»gehookt«) werden.
● Kleine eingewehte und verhärtete Schneepolster auf Absätzen können als Tritt genutzt werden. Sie halten allerdings oft nur einmaliger Belastung stand.
● Mit dem vordersten Zackenpaar kann am Fels gut in horizontale Risse beziehungsweise auf kleinste Absätze angetreten werden.

GEHEN, STEIGEN UND KLETTERN MIT STEIGEISEN UND PICKEL

Die grundlegenden Steigeisentechniken im Eis sind
➤ die **Vertikalzackentechnik** (gleichzeitiger Einsatz aller Steigeisenzacken) und
➤ die **Frontalzackentechnik** (Einsatz der ersten zwei Zackenpaare des Steigeisens).

Je nach Geländesteilheit kommen sie mit unterschiedlichen, sich aber auch überschneidenden Bewegungsformen zum Einsatz.
➤ **Flache Gletscher mit sanften bis mittelsteilen Hängen:** Gehen mit Vertikalzackentechnik.
➤ **Mittelsteile Hänge und kurze Steilstufen:** Steigen mit Vertikalzackentechnik.
➤ **Kurze Steilstufen und Eiswände:** Klettern mit Frontalzackentechnik.

Der Einsatz des Pickels oder zweier Eisgeräte hängt von der Steilheit, den

Auf Hochtour im Mont-Blanc-Gebiet, Frankreich

Eisverhältnissen und dem persönlichen Sicherheitsbedürfnis ab.
➤ **Spazierstockpickel:** einfaches, flaches Gelände und mittelsteile Hänge.
➤ **Kopfstützpickel/Seitstützpickel:** mittelsteiles Gelände bis ca. 50 Grad Hangneigung.
➤ **Schaftzugpickel:** steiles Gelände.

Einen weiteren großen Einfluss auf die Auswahl der Bewegungstechnik hat die Beschaffenheit des Eises beziehungsweise die so genannten Eisverhältnisse.
➤ **Flacher aperer Gletscher mit sehr grobkörnigem zerfurchtem Oberflächeneis:** Gehen in Vertikalzackentechnik evtl. ohne Pickel, mit Stöcken, oft sogar ohne Steigeisen möglich.
➤ **Sanft bis mittelsteil geneigte Hänge mit durchgefrorenem Schnee:** Gehen in Vertikalzackentechnik, alle Zacken können komplett eingestochen werden.
➤ **Blanke, sanft bis mittelsteil geneigte Hänge mit glasartiger, sehr harter Eisoberfläche:** Langsames, konzentriertes Steigeisengehen mit bewusstem gleichzeitigem Einsatz aller Zacken und deutlichem Pickeleinsatz.
➤ **Mittelsteile Eiswände mit Firnauflage oder knöcheltiefem Trittschnee:** Steigen in Frontalzacken- oder Mischtechnik mit Kopfstützpickel.
➤ **Eiswände mit schollenartig wegplatzendem Eis oder mit glasartigem Blankeis:** langsames, konzentriertes Anwenden der Frontalzacken- und Schaftzugtechnik.

Neben dem richtigen Bewegungsrepertoire ist auch eine gut entwickelte Kraftausdauer der gesamten Beinmuskulatur und des Rumpfes gefordert. Vor allem im Aufstieg muss das Gewicht des Körpers und der gesamten Ausrüstung ständig nach oben gehoben werden. Dies belastet die Oberschenkel-, Gesäß- und Hüftbeugemuskulatur. Nicht zu unterschätzen ist die statische Haltearbeit der Rückenmuskulatur, um den Rumpf samt Rucksack aufrecht zu halten. Insbesondere beim Eisklettern kommt es durch das Gewicht der Eisgeräte zu einer erhöhten Belastung der Oberarmmuskulatur und durch das Stehen zu einer hohen Anspannung der Wadenmuskulatur.

Flaches bis mittelsteiles Gelände in Vertikalzackentechnik

Für flaches bis mittelsteiles Gelände empfiehlt sich die Vertikalzackentechnik. Sie bietet maximalen Halt und eine ökonomische Fortbewegung. Folgende Grundlagen müssen beachtet werden.

Grundlagen

Steigeisen anlegen
➤ Um sich im Eis sicher zu fühlen, muss auf den richtigen Sitz der Steigeisen hundertprozentiger Verlass sein. Bereits beim Anlegen der Steigeisen sind deshalb wichtige Regeln einzuhalten:

➤ Längeneinstellung so wählen, dass der Schuhrand vorne und hinten bündig mit den Begrenzungsvorrichtungen der Steigeisen abschließt.
➤ Bindungssystem (Kipphebel oder Korbbindung) so eng einstellen, dass ein selbstständiges Lösen oder Lockern nicht möglich ist.
➤ Verschlusssystem richtig schließen, überstehende Bänder verstauen.

Pickelgriff

Eispickel werden als Geh-, Steig- und Kletterhilfe eingesetzt. Ihr Gebrauch basiert auf folgenden Anwendungsregeln:
➤ Zum Gelände den jeweils passenden Pickel auswählen.
➤ Beim Pickelgebrauch grundsätzlich Handschuhe tragen.
➤ Beim Spazierstockpickel erfolgt der Griff auf dem Pickelkopf wie das Fassen eines Treppengeländers. Die Haue zeigt nach vorne, wenn weicher Schnee oder Firn vorliegt, um im Sturzfall mit der Schaufel bremsen zu können. Bei Eis wird der Pickel umgekehrt mit der Schaufel vorne gehalten. Der Stützeffekt wird über den Pickeldorn hergestellt.

➤ Der Kopfstützpickel ähnelt dem Spazierstockpickel. Der Stützeffekt erfolgt über die Haue.
➤ Der Seitstützpickel wird mit beiden Händen gehalten. Eine Hand ist am Schaft, die andere umschließt den Pickelkopf.
➤ Den Pickel immer in der bergseitigen Hand halten.
➤ Eine Handschlaufe sichert den Pickel gegen Verlust.

Der richtige Sitz der Steigeisen, links Frontkorb, rechts Frontbügel

Spazierstockpickel

Kopfstützpickel

Seitstützpickel

Grundtechnik

Im Sport versteht man unter Technik das Idealmodell einer Bewegung (Grosser, 1982). Mit dieser Idee haben sich auch im Bergsport viele Experten beschäftigt. Da es für das Eisgehen beziehungsweise Eisklettern allerdings keine exakten Bewegungsvorschriften durch ein offizielles Regelwerk gibt und kein standardisiertes Sportgerät existiert, fällt es nicht leicht, Idealbewegungen zu definieren. Wie in anderen Sportarten wird auch beim Eisgehen und Eisklettern die sportliche, leistungsorientierte Sichtweise für die Betrachtung der Bewegungstechniken herangezogen. Unter diesem Blickwinkel haben es sich Fachleute zur Aufgabe gemacht, die ökonomischsten und zielführendsten Bewegungsmöglichkeiten ausfindig zu machen.

Die **Kontrolle des Körperschwerpunktes** steht im Mittelpunkt des Eisgehens und Eiskletterns. Dieser befindet sich je nach Stellung des Rumpfes und seiner Gliedmaßen an wechselnden Positionen und wirkt sich stabilisierend oder störend auf das körperliche Gleichgewicht aus. Zur Erreichung des Ziels, ökonomisch zu gehen, zu steigen und zu klettern, ist es am besten beziehungsweise am stabilisierendsten, wenn die Lage des Körperschwerpunktes senkrecht (»im Lot«) über der Standfläche oder Trittfläche liegt. Daraus ergeben sich drei Grundbewegungsformen Gehen, Steigen und Klettern:

Die drei Grundbewegungsformen: Gehen, Steigen, Klettern

In sanft bis mittelsteil geneigten Hängen ist die Grundstellung meistens unproblematisch einzunehmen. Im steilen bis senkrechten Eis wird es da schon schwieriger und das Gleichgewicht des Körpers muss durch enorme Beweglichkeits- und Koordinationsleistungen in den Fußgelenken und durch erhebliche muskuläre Mehrarbeit gehalten werden. Je kleiner die Entfernung des Körperschwerpunkts von der Standfläche beziehungsweise den Haltepunkten ist und je großflächiger diese beiden sind, desto größer ist die Stabilität des Gleichgewichts. Zur kontrollierten Fortbewegung muss diese in den Grundstellungen verwirklichte stabile Position jedoch aufgegeben werden, um sie anschließend wieder einzunehmen. In diesem Zusammenhang ist die Bedeutung der so genannten koordinativen Fähigkeiten zu erwähnen. Demnach verfügt ein Hochtourengeher idealerweise über:

➤ **Gleichgewichts- und Orientierungsfähigkeit** in allen erdenklichen Körperstellungen,

➤ **Anpassungs- und Umstellungsfähigkeit** an unterschiedliche Eisbedingungen und

➤ **Reaktionsfähigkeit** bei plötzlich eintretenden Gleichgewichtsstörungen.

Grundtechnik

Das Gehen in flachem Gelände erfolgt im natürlichen Diagonalschritt der Beine mit gegengleichem Vor- und Zurückschwingen der Arme. Wird das Gelände steiler, wechselt das Gehen fast unbemerkt ins Steigen mit deutlichen Hubphasen.

Grundlegende Bewegungsmerkmale:
▌Hüftbreite Beinstellung, Füße bilden ein »V«.
▌Verlagerung des Körperschwerpunkts über das Standbein.
▌Das unbelastete Bein wird deutlich angehoben und mit angewinkeltem Knie nach vorn gebracht.
▌Bein strecken und Fuß abrollen (in flachem Gelände) oder Bein gebeugt aufsetzen und Fuß mit allen Zacken aufsetzen (in steilerem Gelände).
▌Verlagerung des Körperschwerpunkts über den Fuß und das Bein belasten.

Bergaufgehen und -steigen
Steigt die Hangneigung an, verringern sich Schrittlänge und Schrittfrequenz deutlich, was eine spürbare Abnahme des Gehtempos bewirkt. Markant sind ein verstärkter Abdruck vom Vorderfuß, eine etwas längere Hubphase des Körpers und eine noch deutlichere Verlagerung des Körperschwerpunkts.

Bergabgehen und -steigen
Geht es den Berg hinunter, muss besonders der Schwerkraft entgegengewirkt werden. Die Beine haben den talwärts schiebenden Körper abzubremsen und zu halten. Man sollte dabei nicht von einem Schritt in den

sich am DAV Alpin-Lehrplan Band 3, Hochtouren / Eisklettern von Andreas Dick und Peter Geyer, München 2001. Interessierte können hier tiefer in die Thematik einsteigen. Die für den Hochtourengeher wichtigsten Techniken werden hier dargestellt.

Vertikalaufstieg mit Spazierstockpickel

Gelände:
Ebene bis sanft ansteigende Gletscherhänge.

Bewegungsablauf:
❚ Wie bei der Grundtechnik.
❚ Den Pickeldorn des Schaftendes entweder nach jedem zweiten Schritt oder nach einem intuitiven Rhythmus auf den Untergrund setzen.

Vertikalabstieg mit Spazierstockpickel / Seitstützpickel / Geländerpickel

Gelände:
Sanft geneigtes Gelände mit Spazierstockpickel.
Mittelsteiles Gelände und kurze Steilstufen auch mit Seitstütz- und Geländerpickel.

Bewegungsablauf:
❚ Wie bei der Grundtechnik, Oberkörper leicht nach vorn geneigt, in den Beinen federnd nachgeben.

Vertikalaufstieg mit Spazierstockpickel nächsten fallen, sondern die Schritte aus den Sprung-, Knie- und Hüftgelenken fließend und geschmeidig ausbalancieren. Im Flachen kann der Fuß samt Steigeisen abgerollt werden, im Steilen muss der Fuß mit allen Steigeisenzacken gleichzeitig flach aufgesetzt werden.

Die Einteilung der im Folgenden vorgestellten Bewegungstechniken orientiert

Ganz links: Vertikalabstieg mit Spazierstockpickel

Links: Vertikalabstieg mit Seitstützpickel

▌Beim Übergang zu mittelsteilem Gelände den Pickel in Seitstützhaltung nehmen, dadurch senkt sich der Körper ab, die Position wird stabil und die Beine werden entlastet. In Nachstellschritten absteigen.

▌Noch größere Sicherheit bietet der Geländerpickel: Er wird seitlich mit der Haue eingeschlagen, eine Hand kann beim Abstieg aktiv am Pickel nach vorne gleiten und nach oben ziehen und so einen Halt finden. In Nachstellschritten absteigen, zum Lösen des Pickels am besten auf den Fersen absetzen.

Vertikalabstieg mit Geländerpickel

1 und 2:
Diagonal-
aufstieg mit
Nachstell-
schritten und
Spazier-
stockpickel

3 und 4:
Diagonal-
aufstieg mit
Nachstell-
schritten und
Seitstütz-
pickel

Diagonalaufstieg mit Nachstell-schritten und Spazierstock-pickel / Seitstützpickel

Gelände:
Kurze Steilstufen.

Bewegungsablauf:
❚ Körper rücklings zum Hang ausrichten, Pickel in der aufstiegsseitigen Hand.
❚ Pickel stützend vor den Körper setzen.
❚ Aufstiegsseitiges Bein anheben und diagonal aufwärts führen.
❚ Fuß aufsetzen, Belastungswechsel mit Pickelunterstützung.
❚ Zweiten Fuß nachstellen.
❚ Alternativ kann im steileren Gelände der Seitstützpickel eingesetzt werden.

Diagonalaufstieg mit Übersetzschritten und Spazierstockpickel / Seitstützpickel

Gelände:
Längere mittelsteile Hänge.

Bewegungsablauf:
▌ Körper rücklings zum Hang ausrichten, Pickel in der aufstiegsseitigen Hand.

▌ Talbein in Bogenbewegung am Bergbein vorbei nach vorne oben führen und Fuß aufsetzen.

▌ Belastungswechsel vornehmen und Bergbein hinter dem Talbein vorbei nach oben setzen.

▌ Alternativ ist der Seitstützpickel möglich.

1 und 2:
Diagonalaufstieg mit Übersetzschritten und Spazierstockpickel

3 und 4:
Diagonalaufstieg mit Übersetzschritten und Seitstützpickel

Wende
bergwärts

Wende bergwärts mit Spazierstockpickel

Gelände:
Ebene bis sanft ansteigende Gletscherhänge. Zum Wenden am besten Verflachungen aussuchen.

Bewegungsablauf:
❚ Am Wendepunkt bergseitigen Fuß
in die neue Richtung setzen (deutliche
V-Stellung).
❚ Rumpf drehen und Handwechsel am
Pickel ausführen, Pickel mit der berg-
seitigen Hand neu setzen.
❚ Belastungswechsel vornehmen und
zweites Bein nachführen.

Wende talwärts mit Spazierstockpickel

Gelände:
Mittelsteiles Gelände.

Bewegungsablauf:
▌ Am Wendepunkt talseitigen Fuß ungefähr in die neue Richtung setzen (deutliche V-Stellung).
▌ Rumpf drehen und Handwechsel am Pickel ausführen, Pickel mit der talseitigen Hand neu setzen.
▌ Belastungswechsel vornehmen und zweites Bein nachführen.

Diagonalaufstieg mit Übersetzschritten und Schaftzugpickel

Gelände:
Kurze Steilstufen.

Bewegungsablauf:
▌ Körper rücklings zum Hang ausrichten, Pickel in der talseitigen Hand.
▌ Rumpf in die Aufstiegsrichtung verdrehen und Pickel vor dem Körper einschlagen.
▌ Talbein in einem Bogen am Bergbein vorbei nach vorne oben führen, Fuß flach aufsetzen.
▌ Belastungswechsel vornehmen und Bergbein hinter dem Talbein nach oben führen.

Diagonal-
aufstieg mit
Übersetz-
schritten und
Schaftzug-
pickel

Querung mit Nachstellschritten und Seitstützpickel

Gelände:
Kurze steile Querungen.

Bewegungsablauf:
▌ Körper rücklings zum Hang ausrichten, Pickel im Seitstütz nehmen.
▌ Pickel stützend vor dem Körper setzen.
▌ Vorderes Bein anheben und horizontal in die Bewegungsrichtung führen.
▌ Fuß aufsetzen, Belastungswechsel mit Pickelunterstützung.
▌ Hinteres Bein im Nachstellschritt folgen lassen (oder auch Übersetzschritte).

Querung mit
Nachstell-
schritten und
Seitstütz-
pickel

Steiles Gelände in Frontalzackentechnik

Griff an den
Eisgeräten

Mittelsteiles bis steiles Gelände wird in der Frontalzackentechnik begangen. Sie wird üblicherweise in Firnflanken und Eiswänden angewendet. Dabei müssen folgende Grundlagen beachtet werden:

Grundlagen

Steigeisen anlegen
Im Gegensatz zum Gehen und Steigen werden bei der Frontalzackentechnik nur die vorde-

ren Zackenpaare des Steigeisens ins Eis gesetzt. Umso wichtiger ist die Auswahl des richtigen Steigeisens und die optimale Anpassung an den Schuh.

➤ Zur optimalen Kraftübertragung am besten starre Steigeisen ohne Gelenk verwenden.

➤ Zum festen Stehen sollte auch das zweite Zackenpaar stark nach vorne gewinkelt sein.

➤ Perfekten Halt bieten Bindungssysteme mit Frontbügel und Kipphebel.

➤ Nach dem Anlegen immer kontrollieren, ob das Bindungssystem gut auf den Schuhrändern sitzt.

Pickelgriff
Beim Steigen und Klettern sichern die Eisgeräte den Oberkörper gegen das Abkippen zur Seite oder nach hinten und an ihnen ziehen die Arme den Körper nach oben.

➤ Der Gebrauch einer Handschlaufe mit schnell öffnendem und schnell schließendem Verstellsystem wird empfohlen.

➤ Bei den Schlagtechniken erfolgt der Griff an der kälteisolierenden Gummimanschette.

Grundtechnik

Im Gegensatz zur Vertikalzackentechnik finden bei der Frontalzackentechnik hauptsächlich Bewegungsformen des Steigens und Kletterns
ihren Einsatz. Zunächst sind die frontal
zum Berg ausgerichtete Körperposition
und das Stehen auf den vorderen zwei
Zackenpaaren die auffälligsten Merk-
male.

Grundposition:

▌ Fersen leicht hängen lassen.

▌ Fußposition hüft- bis überhüftbreit,
leichte V-Stellung.

▌ Beugung in Sprung- und Kniegelenk.

Unbelastet
Weitertreten
durch Kör-
perschwer-
punkt-
verlagerung:
1: Schwer-
punktverla-
gerung nach
links, rechts
Steigeisen
setzen
2: Schwer-
punktverla-
gerung nach
rechts
3: Schwer-
punkt mittig
über beiden
Füßen

Frontales Antreten mit starren Steigeisen

Wie bei der Vertikalzackentechnik kommt der Kontrolle des Körperschwerpunkts eine große Rolle zu. Das unbelastete Weitertreten mit den Beinen ist dabei die wichtigste Voraussetzung, um in der Folge mit den Füßen kontrolliert antreten zu können. Unbelastetes Weitertreten wird ermöglicht, indem der zu versetzende Fuß vom Körpergewicht entlastet und somit das Bein frei für das Weitertreten wird.

Die Verlagerung des Körperschwerpunkts ist die einfachste und grundlegendste Form des unbelasteten Weitertretens und gilt für das Steigen und Klettern.

Hinweis:
● Andere Formen der Tritttechnik finden beim Wasserfall- oder Mixed-Klettern ihre Anwendung und werden hier nicht behandelt.

Bewegungsmerkmale:

❚ Frontale aufrechte Ausgangsstellung.

❚ Körperschwerpunkt seitlich über die Trittfläche des Standbeines verlagern.

❚ Unbelastetes Weitertreten des Tretbeines, im Knie beugen, Unterschenkel nach vorn schwingen, Fuß beim Einschlagen ins Eis fixieren.

❚ Belastungswechsel vornehmen, anderes Bein nachführen und Fuß auf derselben Höhe oder höher platzieren.

❚ Der Einsatz eines Pickels oder zweier Eisgeräte muss koordiniert werden.

Treten

Nach dem unbelasteten Weitertreten mit dem Tretbein wird der dazugehörende Fuß im Eis fixiert und belastet. Die einfachste Grundlage ist das frontale Antreten.

Schlagen

Das Einschlagen oder Aufsetzen der Eisgeräte ins Eis bewahrt den Körper vor dem Abkippen nach hinten und unterstützt die Stütz-, Stemm- und Zugarbeit der Arme. Die Zugrichtung erfolgt meistens nach unten, kann aber auch seitlich auftreten. Grundsätzlich sollte man so lange wie es die Eisverhältnisse, die Steilheit und das eigene Sicherheitsgefühl zulassen mit den Händen auf den Eisgeräten stützen sowie beim Gebrauch der Eisgeräte die Arme lang lassen, um so im Wechsel mit gebeugten Positionen immer wieder eine Entspannung der Armmuskulatur zu erwirken. Am häufigsten erfolgt der Ristgriff am Schaft des Eisgerätes. Zur Entlastung der Hand-

❚ Kurz vor dem Einschlagen erfolgt durch das Beugen der Schlaghand eine Beschleunigung.

❚ Eisgeräthaue ungebremst, aber geführt ins Eis eindringen lassen, Hand am Schaft fixieren.

Schlagtechnik:
1: Ausholen mit Schwung
2: zielgerechtes Platzieren

Praxistipps:

● Beim Ausholen den Ellenbogen nicht seitlich ausdrehen.

● Schlagintensität den Eisverhältnissen anpassen.

● Festen Sitz des Eisgeräts überprüfen, bevor man es mit dem ganzen Körpergewicht belastet.

● Eisgeräte eventuell mit Schlingen gegen Verlust sichern (an den Ösen des Pickeldorns oder an den Handschlaufen).

● Eisgerät durch Hebeln nach oben und unten lösen.

Frontalzackentechnik im Aufstieg mit Spazierstockpickel / Kopfstützpickel

Gelände:

Kurze mittelsteile Passagen und lange Hänge und Flanken.

muskulatur sollten unbedingt Handschlaufen benutzt werden.

❚ Auf den Einschlagbereich schauen.

❚ Im Ellenbogen gebeugten Schlagarm nach hinten oben hochheben.

❚ Arm schlagartig nach vorne schwingen, zum Schluss Ellenbogen strecken.

Bewegungsablauf:

❚ Wie bei der Grundtechnik.

❚ Pickel mit Spazierstocktechnik seitlich vor dem Körper einsetzen.

❚ Rhythmus: Pickel – Schritt – Schritt oder individuell.

❚ Wird das Gelände steiler, erfolgt die

Links:
Frontal-
zacken-
technik im
Aufstieg mit
Spazier-
stockpickel

Rechts:
Frontal-
zacken-
technik im
Aufstieg mit
Kopfstütz-
pickel

Querung mit Kopfstützpickel

Kopfstützpickeltechnik: Pickel am Kopf fassen und seitlich vom Körper mit der Haue ins Eis setzen, ein Arm stützt auf dem Pickel, der andere tippt mit der Hand ans Eis. Bei der Verwendung von zwei Eisgeräten stützen beide Arme auf.
❚ Der Abstieg erfolgt in umgekehrter Richtung wie die Grundtechnik, eventuell mehrere kleine Schritte nach unten ausführen
❚ Auf- und Abstieg können mit diagonaler und in paralleler Arm- und Beinführung erfolgen.

Gelände:
Kurze bis längere mittelsteile Passagen.

Bewegungsablauf:
❚ Körper frontal zum Hang ausrichten.
❚ Pickel seitlich mit gestrecktem Arm in Bewegungsrichtung setzen.
❚ Zugehöriges Bein anheben, horizontal in die Bewegungsrichtung führen und unter dem Eisgerät platzieren.
❚ Belastungswechsel mit Pickelunterstützung.
❚ Den anderen Arm mit oder ohne Eisgerät und anschließend das andere Bein folgen lassen.

1

Frontalzackentechnik im Aufstieg mit einem Schaftzugpickel

1 und 2:
Querung
mit Kopf-
stützpickel

Gelände:
Kurze bis mittellange Passagen mittlerer Steilheit.

3

3: Frontal-
zacken-
technik im
Aufstieg mit
einem
Schaftzug-
pickel

2

Bewegungsablauf:
❚ Wie bei der Grundtechnik.
❚ Eisgerät mittig vor dem Körper oder seitwärts einschlagen, andere Hand stützt im Eis oder hält sich am Pickelkopf fest.
❚ Mit den Beinen nachsteigen.
❚ Der Aufstieg kann in diagonaler oder in paralleler Arm- und Beinführung erfolgen.

Frontalzackentechnik im Abstieg mit einem Schaftzugpickel

Gelände:
Kurze bis mittellange Passagen mittlerer Steilheit.

Bewegungsablauf:
❚ Wie bei der Grundtechnik.
❚ Eisgerät seitlich des Körpers auf Hüfthöhe einschlagen, andere Hand stützt im Eis oder hält sich am Pickelkopf fest.
❚ Mit den Beinen unter das Gerät absteigen.

Querung mit einem Schaftzugpickel

❚ Der Abstieg kann in diagonaler oder in paralleler Arm- und Beinführung erfolgen.

Querung mit einem Schaftzugpickel

Gelände:
Kurze bis mittellange Passagen mittlerer Steilheit.

Bewegungsablauf:
❚ Körper frontal zum Hang ausrichten.
❚ Pickel seitlich mit gestrecktem Arm in die Bewegungsrichtung setzen.
❚ Zugehöriges Bein anheben, horizontal in die Bewegungsrichtung führen und unter das Eisgerät platzieren.
❚ Belastungswechsel mit Pickelunterstützung.
❚ Den anderen Arm und anschließend das Bein folgen lassen.

Mischtechnik

Gelände:
Lange Passagen mittlerer Neigung mit guten Eisverhältnissen.

Bewegungsablauf:
❚ Einen Fuß in Frontalzackentechnik setzen, den anderen Fuß in Vertikalzackentechnik.
❚ Einen Fuß immer höher als den anderen setzen.

❚ Pickel je nach Steilheit als Spazierstock-, Kopfstütz- oder Schaftzugpickel einsetzen.

Grundlegende Klettertechniken im bis zu senkrechten Eis

Auf Hochtouren großer Schwierigkeit können auch kurze senkrechte Passagen auftreten, z. B. im Eisbruch, am Bergschrund oder in der Schlüsselstelle einer Eiswand. Zur sicheren Bewältigung müssen reine Klettertechniken angewendet werden.

Paralleltechnik mit zwei Schaftzugpickeln im Aufstieg

Die Paralleltechnik ist die Grundlage des Eiskletterns. Sie bietet sicheren Halt und ermöglicht eine ökonomische Fortbewegung.

Bewegungsablauf (Abb. S. 72):
❚ Die eingeschlagenen Eisgeräte und die Füße bilden ein Rechteck (Grundstellung). Der Körper nimmt eine Bogenhaltung ein. (Bild 1)
❚ Vor dem Weitersteigen den Körper nach hinten lehnen und Körperschwerpunkt leicht seitlich verlagern. (Bild 2)
❚ Antreten unter den Körperschwerpunkt, dann zwei Schritte folgen lassen, um wieder die Grundstellung einzunehmen. (Bild 3)
❚ Eisgeräte nacheinander lösen und weitersetzen. (Bild 4)

Praxistipps:
• Beinstellung im steileren Eis überhüftbreit.
• Auf Entlastung der Arme achten.

Dreieckstechnik mit zwei Schaftzugpickeln im Aufstieg

Die Dreieckstechnik ermöglicht vor allem ein schnelles Fortkommen und flottes Überbrücken senkrechter Passagen.

Mischtechnik aus Vertikal- und Frontalzackentechnik

Parallel-
technik mit
zwei Schaft-
zugpickeln

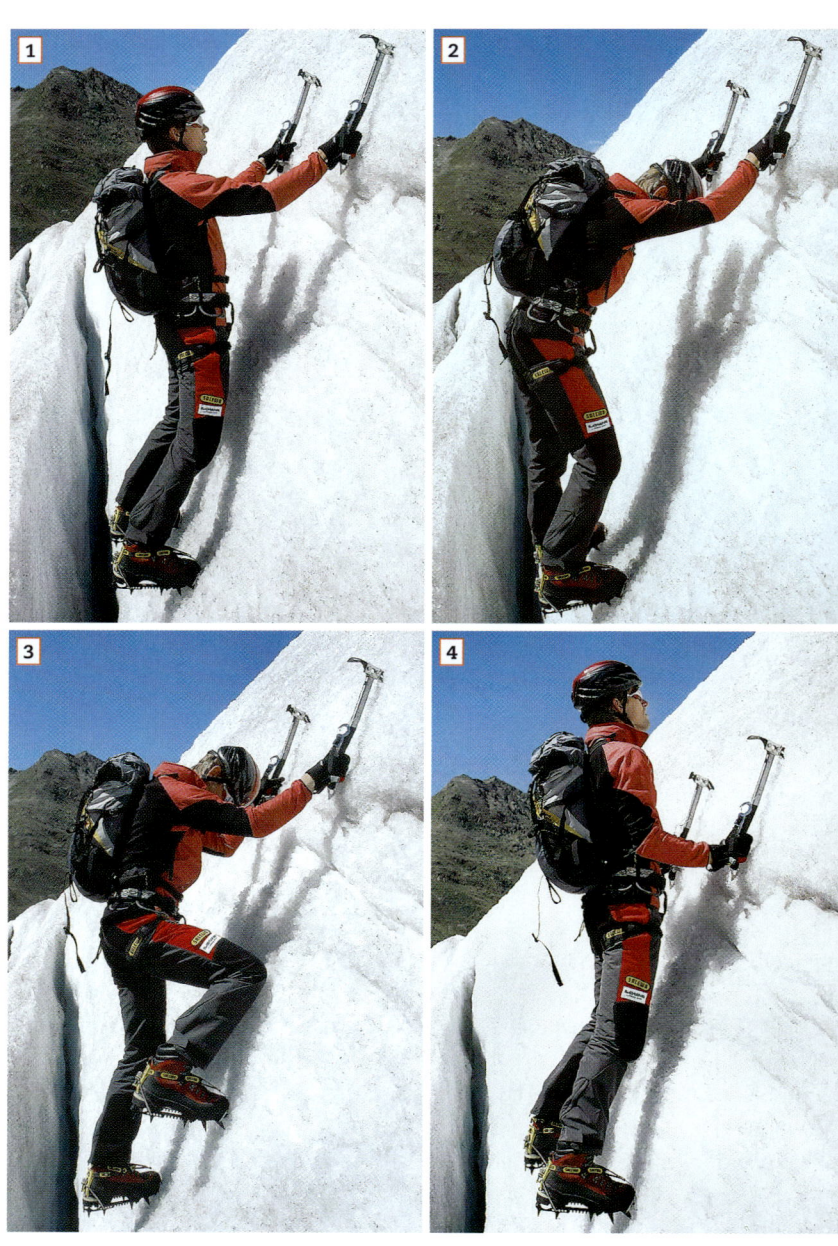

1 **2** **3**

Bewegungsablauf:

▌ Füße überhüftbreit auf gleicher Höhe, ein Eisgerät mittig vor dem Körper über dem Kopf, das andere Eisgerät auf Kopfhöhe seitlich versetzt (Grundstellung). (Bild 1)

▌ Vor dem Weitersteigen den Körper nach hinten lehnen und Körperschwerpunkt leicht seitlich unter das höhere Eisgerät verlagern. (Bild 2)

▌ Drei Schritte folgen lassen (Bild 3), sodass die Beine wieder überhüftbreit auf gleicher Höhe stehen.

▌ Tieferes Eisgerät lösen und zentral über dem Kopf weitersetzen, um wieder die Grundstellung einzunehmen. (Bild 4)

4

Dreiecks-
technik mit
zwei Schaft-
zugpickeln
im Aufstieg

SICHERUNGSTECHNIK

Das Wichtigste – Anseilen am Gletscher

Auf allen Hochtouren führt der Weg zum Gipfel über Gletscher oder über eine Kombination aus Fels und Eis. Wenn diese Passagen Spalten bergen oder zum seilfreien Klettern zu schwierig sind, muss gesichert werden. Um die Sicherungsausrüstung richtig und effektiv einsetzen zu können, muss zunächst die Geländesituation geklärt werden. Erst dann kann das Material zusammengestellt und die zum persönlichen Können passende Sicherungstechnik gewählt werden.

Gletscher

Gletscher können – wenn überhaupt – nur im völlig aperen Zustand seilfrei begangen werden und dann auch nur, wenn alle Spalten gut umgehbar sind. Ist dies nicht der Fall oder ist der apere Gletscher extrem steil, dann muss angeseilt und eventuell gesichert werden.

Gurte anlegen

Zum Anseilen verwendet man als Basis einen Hüftgurt, denn im Falle des Spaltensturzes eines Seilschaftsmitglieds kann nur mit Hüftgurt eine optimale Bremsstellung eingenommen werden. Zusätzlich kann ein Brustgurt verwendet werden, vor allem wenn ein sehr schwerer Rucksack getragen wird und dieser den Bergsteiger beim Spaltensturz nach hinten ziehen könnte, wenn Anfänger, Kinder oder Übergewichtige mit auf Tour sind oder wenn der Hüftgurt nicht optimal passt und ein Herausrutschen möglich wäre. Hüftgurt und Brustgurt werden mit einem so genannten Achterband miteinander verbunden. Dazu wird ein ca. 1,50 Meter langes Schlauchband mit mindestens drei Kennfäden (ein Kennfaden steht für 500 kp Reißkraft) mittels Sackstichknoten in der Anseilschlaufe des Hüftsitzgurtes befestigt. Anschließend werden die freien Enden des Schlauchbandes durch die Anseilschlaufen des Brustgurtes geführt und ebenfalls mit einem Sackstichknoten verbunden.

Hinweise:
● Neuesten Erkenntnissen zufolge schützt ein Brustgurt nicht vor den langjährig von den verschiedenen Institutionen dokumentierten Sturzverletzungen. Nach den Ergebnissen aktueller Untersuchungen kann beim Begehen eines Gletschers ohne schweren Rucksack auf den Brustgurt verzichtet werden. Natürlich liegt es im eigenen Ermessens jedes Einzelnen, sich für oder gegen das Tragen eines Brustgurtes zu entscheiden.

Anseilen am Gletscher

Beim Anseilen am Gletscher wird indirekt angeseilt, das heißt das Seil wird mittels eines einfachen oder doppelverriegelbaren Verschlusskarabiners (z. B. Schrauber, Belaymaster) mit dem Achterband oder der Anseilschlaufe des Hüftgurtes verbunden. Dazu wird in den Sackstichknoten des Achterbandes ein Verschlusskarabiner eingehängt. Dann wird in das Seil ein Sackstich gelegt und

Anseilen am Gletscher mit Verschlusskarabiner

in den Verschlusskarabiner eingeklinkt. Anschließend darf nicht übersehen werden, den Verschlusskarabiner zu verschließen. Zur Redundanz können auch zwei Verschlusskarabiner verwendet werden.

Für ein eventuelles Spaltenbergungsverfahren sollte in jedem Fall ein Standard-Gletscherset (siehe Seite 28) griffbereit an den Materialschlaufen des Hüftgurtes aufbewahrt werden.

Seilschaftsgrößen und Seilabstände am Gletscher

Eine Gletscherseilschaft sollte mindestens aus drei, besser aus vier bis fünf Seilschaftsmitgliedern bestehen. Je größer Seilschaften sind, desto langsamer und unflexibler sind sie jedoch. Die Zweierseilschaft sollte bei Gletscherbegehungen aus taktischen Gründen im Falle eines Spaltensturzes möglichst vermieden werden.

Praxistipps:

● Bei der Zweier- und Dreierseilschaft werden bei hohem Spaltensturzrisiko drei Bremsknoten ins Seil geknüpft. Der Erste und der Letzte der Seilschaft sollte über soviel Restseil verfügen, dass es für die Lose Rolle ausreicht.

● Bei spaltenreichen Gletschern können zwei oder drei Seilschaften zusammengehängt werden.

● Das Anlegen der Gurte und das Vorbereiten der Seilabstände erfolgt am besten schon in der Hütte, um langes Warten am Gletscher zu vermeiden.

Seilabstände von verschiedenen Gletscherseilschaften. Der Seilabstand kann bei großer Spaltengefahr verlängert werden.

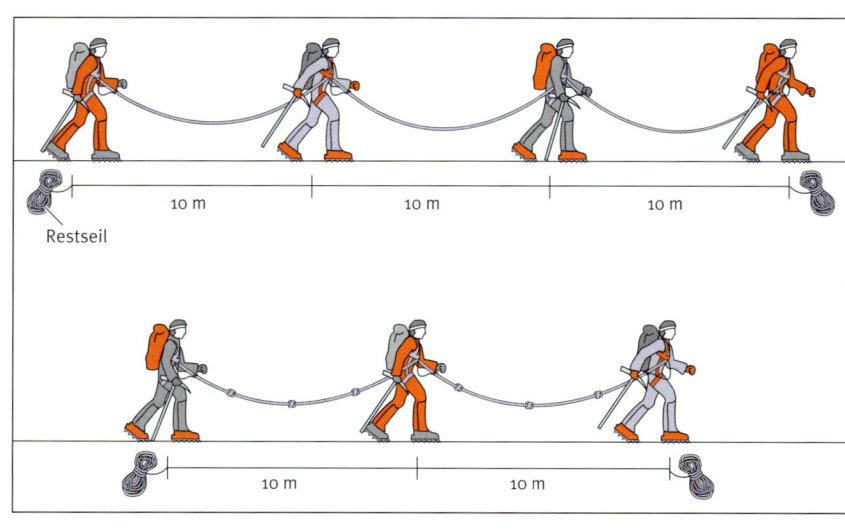

Sichern am Gletscher

Auf flachen Gletschern erfolgt die Sicherung durch bremsbereites gleichzeitiges Gehen. Wichtig ist, dass das Seil zum Vordermann immer straff ist. Bei Spaltensturz gilt es, durch Hinschmeißen auf den Boden und durch das Stemmen der Beine entgegen der Zugrichtung den Fall zu bremsen. Je steiler ein Gletscher ist, desto größer ist die Gefahr, dass ein Ausgleitender hangabwärts rutscht (evtl. in eine Spalte) und die Kameraden mitreißt. Hier hängt es vom persönlichen Können beziehungsweise der Trittsicherheit der Hochtourengeher ab, ob und wann Passagen mit Steigeisen begangen und/oder gesichert werden müssen. Sicherungsmaßnahmen müssen in das Verhältnis von Aufwand und Nutzen gesetzt werden. Dauert das Sichern zu lange, kann man schnell in Zeitnot geraten. Kann ohne Sichern nicht zeitgleich gegangen werden, dann überfordert die Tour eventuell das Können der Hochtourengeher. Sind die Verhältnisse schwieriger als erwartet, ist manchmal eine Umkehr erforderlich.

Praxistipp:
● In Übergangsgelände ohne Spalten- oder Mitreißgefahr kann sich die Seilschaft schneller bewegen, wenn die Seilabstände in Schlingen aufgenommen in der Hand getragen werden.

Alle Situationen am Gletscher verlangen Konzentration und Reaktionsvermögen.

Steile Hänge und Aufschwünge

Eine Methode, um Steilstücke (z. B. steiler Aufstieg in eine Scharte) gleichzeitig und zügig, aber dennoch gesichert zu überwinden, ist das Gehen mit eingehängter Rücklaufsperre (z. B. Ropeman).

Ablauf:

➤ Der Seilschaftsführer (im Normalfall der Erfahrenste) geht so weit in das Steilstück, bis der nächste am Beginn der Schwierigkeiten ankommt. Hier setzt

der Erste eine Eisschraube und hängt die Rücklaufsperre direkt mit Karabiner ein.
➤ Die Seilschaft kann nun gleichzeitig weitergehen. Das Seil muss dabei immer gespannt bleiben. Stürzen die Nachfolgenden, wird der Erste nicht mitgerissen, da die Gestürzten sofort in der Rücklaufsperre hängen.
➤ Führt der Erste zwei Rücklaufsperren mit, kann sich die Prozedur wiederholen, bis sicheres Gelände erreicht ist. Wird vor der schwierigen Passage das Restseil aufgemacht und die Seilab-

stände verlängert, dann können fast 100 Meter schnell und trotzdem sicher überwunden werden.

Im Eisbruch

Beim Begehen von Eisbrüchen ist es sinnvoll, die Seilabstände der Situation anzupassen. Der Vordermann sollte jeweils soviel Seil zur Verfügung haben, dass der Nachfolgende erst dann folgt, wenn der Vordermann sicher steht. Bei Blankeis und Steilstufen ab 40 Grad Neigung braucht man sich nicht scheuen, eine Eisschraube zu setzen und nachzusichern.
Müssen Spalten parallel zur Aufstiegsrichtung überquert werden, sollten die Nachfolgenden möglichst einen Seilwinkel von 90 Grad zur Spalte herstellen oder sichern. Bei Sprüngen muss viel Sprungseil parat gehalten werden.

Praxistipps:

- Im Abstieg kann der Seilschafts-erste vor kritischen Stellen eine Eis-schraube setzen und in diese einen Verschlusskarabiner mit HMS-Knoten einhängen. Die Seilschaft kann nun gleichzeitig solange gehen, bis der Seilzweite an die Eisschraube ge-langt und das Seil umhängt oder aus-hängt. Im Sturzfall können die Nach-folgenden den Vordermann halten.
- Bei Pausen Seilabstände einhalten.
- Bei Spaltenbrücken mit Stöcken oder Pickel sondieren und langsam vorwärts gehen.
- Längliche und schattig verfärbte Schneestreifen und Verflachungen sind Hinweise auf Spalten.

Direktes Anseilen im Fels

wegen der potenziell langen Sturz-strecken die Verwendung von Hüftgurt und Brustgurt. Das Kletterseil wird di-rekt durch beide Schlaufen des Achter-bandes bzw. um den Sackstichknoten geführt und mit einem gesteckten Ach-terknoten als Anseilknoten verknüpft.

Firnflanken und Eiswände

Nur sehr erfahrene und leistungsstarke Hochtourengeher können unter völliger Eigenverantwortung seilfrei klettern. Ein gleichzeitiges Steigen in Flanken am Seil ohne Sicherung ist wegen der großen Mitreißgefahr tabu. Im Normalfall muss also gesichert werden. Eine Ausnahme stellt das gleichzeitige angeseilte Bege-hen von Graten dar.

Anseilen

Zum Anseilen für Firnflanken und Eiswände empfiehlt sich

Fixpunkte in weichem Schnee und im Firn

Fixpunkte in weichem Schnee und im Firn werden für die Standplatzbereitung, für Zwischensicherungen, als Abseilver-ankerung und auch zur Spaltenbergung benötigt.

T-Anker

Der T-Anker stellt die beste Fixpunkt-möglichkeit dar. Hierzu können Eispickel und gebündelte Tourenstöcke dienen. Je weicher der Schnee ist, desto größer muss die Auflagefläche des Gegen-standes sein, der als T-Anker eingegra-ben wird. Grundsätzlich eignet sich der

Achter in Tropfenform

Anker mit
Pickel in gut
verfestigtem
Firn

T-Anker hervorragend zum Sichern eines Nachsteigers. Zur Vorsteigersicherung muss der T-Anker mit dem Körper mit langer Selbstsicherung ($> 1{,}5$ Meter) nach unten abgespannt werden.

Praxistipps:
- In gut verfestigtem Firn genügen 30 cm Tiefe, in weichem Schnee muss tiefer gegraben werden (60 bis 90 cm, Bild 1).
- Die Sicherungsschlinge sollte im Bereich des Schwerpunktes des Pickels mit Ankerstich befestigt werden. Pickel dazu an der Bandschlinge halten und horizontal ausbalancieren. (Bild 2)
- Den Graben des T-Ankers mit Schnee auffüllen und festtreten. Achtung! Nicht den Bereich vor dem T-Anker zertreten. (Bild 3)

Fixpunkte im Eis

In festem Eis werden Fixpunkte am besten mit Eisschrauben geschaffen. Sie sind das sicherste und schnellstmögliche Sicherungsmittel. Alternativ bietet sich die Abalakov-Eissanduhr, z. B. beim Abseilen, an.

Eisschrauben

Um die Haltekräfte von Eisschrauben
zu optimieren, muss vorhandenes,
morsches Oberflächeneis weggepickelt werden, bis das feste Eis her-
vorkommt. Die optimalen Haltekräfte
werden bei einem Setzwinkel des
Schraubenschaftes zur Eisoberfläche
von ca. 90 Grad erreicht. Je dicker
eine Eisschraube ist, desto größer ist
die Auflagefläche und somit die Haltekraft.

Praxistipps:

• Schrauben am besten auf Hüfthöhe eindrehen.
• Kann die Schraube nicht bis zum
Anschlag eingedreht werden,
muss diese mit einer Bandschlinge
am Schaft abgebunden werden.
• Schrauben, die länger genutzt
werden, z. B. an einer Topropeum-
lenkung im Eisbruch, mit Schnee
bedecken.
• Zwischensicherungseisschrau-
ben am besten schon mit Expressschlinge versehen.

Standplatzbereitung

Das Klettern in Seilschaft wird nach fol-
gendem Prinzip praktiziert: Vom Standplatz aus beginnt der Vorsteiger unter
Kameradensicherung die Kletterei. Im
Eis steigt er immer deutlich außerhalb
der Falllinie des Sichernden, um diesen
nicht durch herabfallendes Eis oder
Sturz zu gefährden. Während des Kletterns bringt er Zwischensicherungen an.
An geeigneter Stelle errichtet er den
nächsten Standplatz. An diesem Standplatz werden er selbst- und die Seilpartner nachgesichert. Diese sammeln die
Zwischensicherungen ein, bis sie am
Standplatz ankommen.

**Eisschraube
setzen**

Standplatzkriterien:

▌ Er sollte sicher vor objektiven
Gefahren sein,
▌ ausbruchsichere Fixpunkte haben,
▌ ausreichend Platz bieten und
▌ in Ruf- und Sichtweite zwischen
Sicherndem und Kletterndem liegen.
▌ Je nachdem, wie viele Fixpunkte gesetzt werden, ergeben sich unterschiedliche Techniken, einen Standplatz ein-
zurichten.

Standplatzbereitung an einem Fixpunkt

Obwohl Standplätze mit nur einem
Fixpunkt die Ausnahme sind, gibt es
Gelegenheiten für einen einzelnen
Sicherungspunkt. Dies kann als letzter
Standplatz zum Beispiel ein T-Anker

Stand an einem Fixpunkt

Standplatzbereitung mit mehreren Fixpunkten

Beim Klettern in Firnflanken, in denen der Vorsteiger keine Zwischensicherungen legt, aber aus Sicherheitsgründen dennoch eine Standsicherung erfolgt, sollten mehrere Fixpunkte als Standplatz miteinander verbunden werden. Sind diese ungefähr gleich gut, sollten sie mit einem Kräftedreieck (auch Ausgleichsverankerung genannt) zusammengefasst werden. Dieses verteilt die auftretenden Kräfte auf alle Fixpunkte gleich, wodurch die Ausbruchswahrscheinlichkeit eines einzelnen herabgesetzt wird.

im Schnee, eine solide Eisschraube in festem Eis oder das Gipfelkreuz sein. An diesen einzelnen Fixpunkten hängt man die Selbstsicherung mittels Mastwurf in den Verschlusskarabiner ein, der den Zentralpunkt bildet. In diesen wird die Kameradensicherung auf der dem Schnapper gegenüberliegenden Seite eingehängt.

Stand mit Fixierung am Eisgerät

Beim Bau eines Kräftedreiecks hängt man zunächst in den oberen Fixpunkt einen Karabiner ein. In diesen wird die Standschlinge eingehängt. Diese wird doppelt genommen auf Höhe des unteren Fixpunktes mit Sackstich abgebunden. Die neu entstehende Schlaufe wird in den unteren Fixpunkt eingehängt, einmal um 180 Grad eingedreht und in sie ein Zentralpunktkarabiner eingehängt. In diesen wird das Seil zur Selbstsicherung und der Schraubkarabiner zur Kameradensicherung eingehängt. Die Selbstsicherung kann auch an einem Fixpunkt erfolgen.

Beim Klettern in Eiswänden mit Zwischensicherungen empfiehlt sich die Reihenschaltung mit Bandschlinge. Dazu wird eine Eisschraube mit eingehängtem Verschlusskarabiner auf Bauchhöhe

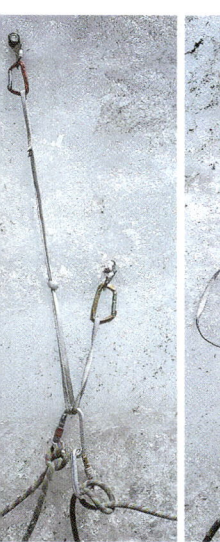

gesetzt. Nun erfolgt das Einhängen der Bandschlinge mit Sackstichschlinge. Das Setzen einer zweiten Eisschraube mit eingehängtem Normalkarabiner in ca. 50 cm Entfernung oberhalb der ersten ist der nächste Schritt. Nun erfolgt das Einhängen der Bandschlinge mit Mastwurf in den Karabiner der oberen Eisschraube. Zum Schluss vollzieht man am Mastwurf die Längenverstellung, sodass die Last hauptsächlich auf der unteren Schraube hängt.

Selbstsicherung

Zur Selbstsicherung am Standplatz eignet sich am besten der Mastwurf. Er kann problemlos geöffnet und zur Längenverstellung verschoben werden.

Kameradensicherung

Zum Sichern des Vor- und Nachsteigers verwendet man die Halbmastwurfsicherung. Der Halbmastwurfknoten wird in den HMS-Karabiner mit Verschlusssicherung eingehängt. Es kann nun entweder Seil vom Nachsteiger her eingeholt oder zum Vorsteiger hin ausgegeben werden. Dabei unterscheidet man zwischen der Führungshand, welche das Lastseil einholt oder ausgibt, und der Bremshand, welche im Falle des Sturzes das Bremsseil festhält. Das Bremsseil ist das Seil, welches nicht direkt zum Kletternden führt. Wichtig ist, dass das Bremsseil nie losgelassen wird!

Ganz links:
Standplatz im Eis mit abgebundenem Kräftedreieck

Links:
Reihenschaltung

Links unten:
Der Mastwurf dient zur Selbstsicherung

Die Halbmastwurfsicherung dient zur Kameradensicherung

Hinweise:

• Grundsätzlich ist zu bedenken, dass beim Klettern in alpinem Gelände der Sturz nie bewusst in Kauf genommen werden darf, da die Hakenabstände in aller Regel sehr groß sind.
• Es ist empfehlenswert, nach 5 bis 8 Metern eine erste Eisschraube zu setzen und dann alle 10 bis 15 Meter und an den Schlüsselstellen. Ist das Gelände gleich am Stand sehr schwer, kann auch die obere Schraube der Reihenschaltung als erste Zwischensicherung dienen.
• Die Belastung des Standplatzes durch den Sichernden sollte nur bedächtig erfolgen, um durch die Druckschmelzung die Eisschrauben nicht unnötig zu lockern. Ist im steilen Gelände ein Reinhängen in die Selbstsicherung zwingend notwendig, dann sollten die Eisgeräte vorgeschaltet werden.

Provisorische Selbstsicherung, indem das Seil über den Kopf des Eisgeräts gelegt wird

um einen Zick-Zack-Seilverlauf zu vermeiden. Das Seil so einhängen, dass der Seilstrang, der zum Vorsteiger führt, vorne aus dem Karabiner herausläuft.
Vor Quergängen immer eine Zwischensicherung anbringen.

Seilschaft in Aktion

Eine kletternde Seilschaft verständigt sich durch so genannte Seilkommandos. Die Witterung (z. B. Sturm) oder das Gelände können die Verständigung erschweren. Deswegen müssen die Kommandos laut und verständlich und eventuell mit Vornamen zugerufen werden.

Zwischensicherung

Damit im Sturzfall längere Sturzstrecken vermieden werden, aber auch zur Stärkung der Vorstiegsmoral sollten Zwischensicherungen angebracht werden. Funktionelle und taktisch sinnvolle Zwischensicherungen müssen folgende Kriterien erfüllen:
Zwischensicherungen mit Expressschlingen oder Schlingenmaterial verlängern,

Hinweise:
● Das Anbringen einer Zwischensicherung sollte aus einer sicheren Standposition erfolgen, dazu eventuell erst eine kleine Standstufe in den Firn oder das Eis hacken.
● Zum schnelleren Zwischensichern kann das Seil bereits vor dem Eindrehen der Eisschraube über den Kopf des Eisgeräts gelegt werden.

Seilkommandos

Der Vorsteiger hat den Stand erreicht und ist an diesem mit seiner Selbstsicherung eingehängt:	**Stand!**
Der Sichernde hängt die Vorsteigersicherung aus und gibt das Kommando zum Seil einholen:	**Seil ein!**
Sobald das Seil vom Vorsteiger ganz eingeholt ist, gibt der Nachsteiger das Kommando:	**Seil aus!**
Der Vorsteiger hängt die Kameradensicherung ein und meldet:	**Nachkommen!**
Der Nachsteiger klettert los und ruft:	**Ich komme!**

Seilabbund

Praxistipps:

• In unübersichtlichem Gelände ist es besser, mit einem verkürzten abgebundenen Seil ein kurze Seillänge zu klettern, da so die Übersicht gewahrt werden kann. Mit diesem Prinzip ist man auf jeden Fall schneller, als wenn unübersichtlich und zeitraubend die ganze Seillänge ausgegangen wird. So besteht zudem die Möglichkeit, bessere Standplätze zu finden.

• Beim Überwinden von Bergschründen und Randklüften kann der Sichernde mit entsprechendem Abstand zur Spalte den Ersten über den Körper mit HMS sichern.

Bei Dreierseilschaften werden die beiden Nachsteiger entweder am Einfachseil mit Weiche (wenn sie das Gelände beherrschen) oder mit der Doppelseiltechnik (bei Anfängern) nachgesichert.

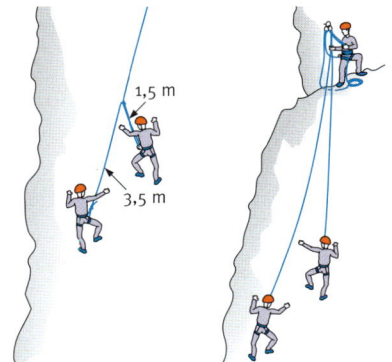

1,5 m

3,5 m

Weiche und Doppelseiltechnik

Firngrate

Schmale Firngrate können in der Zweierseilschaft unter Umständen gleichzeitig
am Seil begangen werden. Dazu wird
der Seilabstand auf ca. 10 bis 15 Meter
Länge gewählt. Die Hochtourengeher
bewegen sich mit straffem Seil direkt
auf der Gratschneide vorwärts.
Beim Ausrutschen eines Seilschaftsmitglieds muss der andere Hochtourengeher schnell auf die andere
Gratseite springen, um nicht mitgerissen zu werden.

Ist der Grat überwechtet, gehen die Hochtourengeher eng aufgeschlossen (2 bis 3 Meter Abstand) in der luvseitigen Flanke und tragen das Seil in Schlingen aufgenommen als Sprungseil in der Hand.

Hinweise:
- Diese Methode ist immer risikobehaftet und bleibt Erfahrenen vorbehalten.
- Zur Erhöhung der Sicherheit kann der Vorausgehende Eisschrauben als Zwischensicherungen setzen, in denen das Seil gleitend mitläuft und die der Hintermann wieder einsammelt.
- Diese Methode erfordert höchste Konzentration.
- Das gleichzeitige Gehen am kurzen Seil sollte sich auf möglichst kurze Passagen beschränken.

Einfaches kombiniertes Gelände

Auf Hochtouren kann es ohne weiteres vorkommen, dass kombiniertes Gelände aus Schnee, Eis und Fels bewältigt werden muss. Dabei können die Schwierigkeiten im Fels bis an den dritten und vierten Schwierigkeitsgrad heranreichen. Eispassagen können an die 60 Grad steil sein. In diesem Fall wird mit verschiedenen Sicherungsmitteln gearbeitet.

Grat mit Wechten – Abstand halten, auch wenn das Gelände einfach ist

Fixpunkte im Fels

Fixpunkte im Fels sind entweder schon angebracht, z. B. mit Haken eingerichtete Standplätze, oder sind selbst anzubringen, z. B. Klemmgeräte und Schlingen.

Schlingen
Solide Felsköpfel und -zacken oder auch Sanduhren können mit Bandschlingen abgesichert werden. Die Schlingen müs-

Zacken-
schlingen

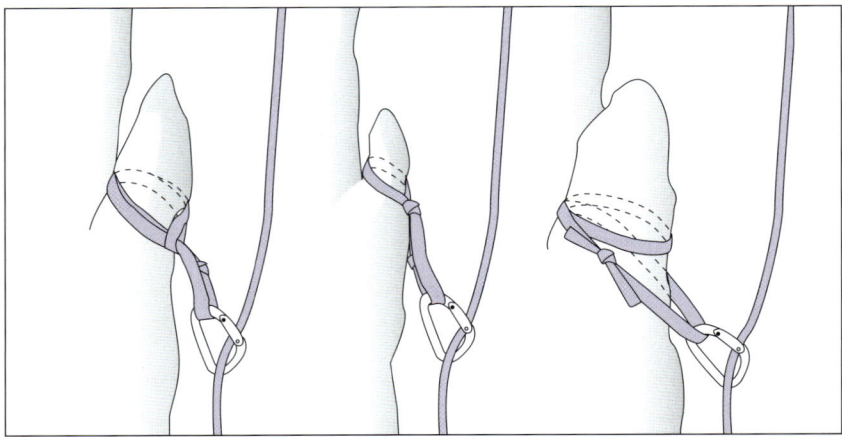

sen unter Berücksichtigung der Belastungsrichtung so über die Felszacken gelegt bzw. durch Sanduhren gefädelt werden, dass sie sich durch die Bewegungen des Seiles nicht von alleine lösen können.

Felshaken

Im günstigsten Fall werden fest sitzende und intakte Haken vorgefunden. Dabei sollte man wegen des Korrosionsproblems die Haltekräfte sehr vorsichtig beurteilen und vor allem bei der Standplatzbereitung mehrere Haken oder eine Kombination mit Keilen oder Schlingen verwenden. Müssen Haken geschlagen werden, so eignen sich am besten horizontal verlaufende Risse in massivem Fels. Am singenden Klang beim Schlagen erkennt man den guten Sitz. Je nach Rissbreite können Messer- bis Profilhaken eingeschlagen werden.

Klemmkeile und Friends

Klemmkeile und Friends sind mobile Zwischensicherungen, das heißt man kann sie nach Gebrauch wieder entfernen. Sie werden in sich konisch verengenden Rissen oder in Löchern platziert und können sehr große Haltewerte erreichen. Der umgebende Fels muss unbeschädigt und massiv sein. Die Seitenflächen des Keiles müssen möglichst flächig aufliegen. Friends sollten unbedingt mit Expressschlingen verlängert werden, um ein Heraushebeln zu verhindern. Das korrekte Anbringen von Friends sollte unter fachkundiger Anleitung erlernt werden.

Block einfangen

Sehr häufig kann es vorkommen, dass an einem potenziellen Standplatz weder Haken noch mobile Sicherungsmittel angebracht werden können. Hier kann es helfen, einen großen soliden Felsblock

mit dem Kletterseil »einzufangen« und an der daraus entstehenden Schlinge zu sichern.

➤ Vom Anseilpunkt ungefähr in Reichweite einen Achterknoten ins Seil legen und Schraubkarabiner in die entstehende Seilschlaufe einhängen.

➤ Kletterseil um den Felsblock legen, sodass es nicht nach oben oder unten wegrutschen kann.

➤ Kletterseil in den Schraubkarabiner einhängen und festspannen. Seil mit Mastwurf fixieren.

➤ Sicherungskarabiner in die Seilschlaufe des Achterknotens einhängen.

Blockgrate

Ist das Gelände gratartig und waagrecht bzw. sehr flach, dann kann unter Umständen auch gleichzeitig am Seil gegangen werden. In blockigem Gelände kann das Seil geschickt zwischen größeren Blöcken laufen gelassen werden.

Beim gleichzeitigen Gehen müssen alle Seilschaftsmitglieder das Gelände sicher beherrschen und das Seil immer straff lassen. Alle 5 bis 10 Meter kann der Vorausgehende eine solide Zwischensicherung legen, in der das Seil gleitend

Standplatz an einem mit dem Kletterseil »eingefangenen« Block

Die Abseilstelle muss eine hundertprozentig ausbruchsichere Verankerung sein. Das kann ein Kräftedreieck aus mehreren Fixpunkten, eine Eissanduhr oder eine selbstausdrehende Eisschraube in solidem Eis sein.

Vor dem Abseilen empfiehlt sich das Anbringen einer Schulter- oder Standschlinge mit Verschlusskarabiner an die zentrale Anseilschlaufe des Anseilgurtes. Mit dieser kann die Selbstsicherung am Abseilstand erfolgen.

Sichern am Blockgrat

Rechts oben: Abseilachter

laufen gelassen wird und die von den Nachfolgenden eingesammelt wird. An festen Blöcken kann kurz nachgesichert werden.

Abseilen

Abseilen im Gletscherbruch

Im Abstieg ist es sicherer und meistens auch schneller, wenn über steile Scharten, aber auch über kurze Steilstufen am Gletscher abgeseilt wird anstatt riskant und umständlich abzuklettern.

Prusikknoten

Praxistipps:

• Besteht keine Gefahr durch Eisschlag, kann der als zweiter Abseilende vom unten Stehenden mit der Zugsicherung gesichert werden. Der Sichernde hält dazu beide Abseilseilstränge in den Händen und zieht sofort und fest an diesen, falls der Abseilende die Bremsseile unvorhergesehen loslässt.

• Wird mit Doppelseil abgeseilt (also zwei Halbseilen), werden sie mit Sackstichknoten verbunden.

• Beide Seilstränge einzeln aufnehmen und weit auswerfen (Ruf: Achtung Seil!).

• Vor dem Abseilen Farbe des abzuziehenden Seiles merken.

• Am Ende der Seile immer einen Sackstichknoten knüpfen, um nicht aus Versehen über die Enden abzuseilen.

• Beim Abseilen beide Hände um die Seile unterhalb des Achters legen, Seile rechts oder links des Körpers führen, breitbeinige Sitzhaltung einnehmen.

Kurzprusiksicherung

Beim Abseilen in nicht einsehbares, unbekanntes Gelände erfolgt eine Hintersicherung mit Kurzprusik. Dazu wird eine mindestens 5 bis 6 mm starke und ca. 30 bis 40 cm lange Reepschnur doppelt genommen und mittels Prusikknoten um beide Brems-

seilstränge gelegt. Diese muss unterhalb des Achters und hinter dem Prusikknoten möglichst knapp mit einem Knoten abgebunden und in einen Normalkarabiner eingehängt werden. Dieser wird in eine Beinschlaufe auf der Innenseite des Oberschenkels eingehängt. Der Abseilende führt mit einer Hand den Prusikknoten mit und bremst mit der anderen Hand die Abseilfahrt. Lässt der Abseilende beide Hände los, klemmt der Prusikknoten und verhindert ein Durchrutschen der Seile durch den Abseilachter.

Selbstausdrehende Eisschraube

Mit Hilfe der selbstausdrehenden Eisschraube kann ohne Materialverlust an einer soliden Verankerung abgeseilt werden.

Aufbau:

➤ Expressschlinge über eine mindestens 15 cm lange Eisschraube stecken.
➤ Eisschraube mehrmals zu drei Viertel ein- und ausdrehen.
➤ Schraube eindrehen, zeitgleich mittellange Prusikschlinge, die an der Lasche oder Kurbel der Eisschraube

Selbstaus-drehende Eisschraube

Abalakov-Eissanduhr

Die Abalakov-Eissanduhr ist eine Sanduhr im Eis, die man selbst herstellt und an der abgeseilt werden kann.

Aufbau:
➤ Eine möglichst lange Eisschraube mit der Spitze senkrecht aufs Eis setzen und zur Seite kippen, sodass sie im 60-Grad-Winkel zum Eis steht.
➤ Schraube einschrauben.
➤ Eine zweite gleich lange Eisschraube gegengleich eindrehen, bis sich beide Schrauben treffen.
➤ Eisschrauben ausdrehen, Prusikschlinge einführen und von der anderen Seite her mit einem Drahtstück oder Kabelbinder einfangen und rausziehen.
➤ Unbedingt darauf achten, dass das Eis massiv ist. Eventuell morsches Oberflächeneis zuerst wegpickeln.

befestigt wird, eng um die Schraube wickeln, zum Schluss noch drei Wicklungen zusätzlich legen.
➤ Reepschnur und Seil verbinden, Seil in die Expressschlinge einhängen.
➤ Durch Zug am an dem Seilstrang, der mit der Prusikschlinge verknüpft ist, dreht sich die Schraube nach dem Abseilen raus. Eventuell den entsprechenden Seilstrang vorher markieren.

Abalakov-Eissanduhr

TOURENPLANUNG

Eine gewissenhafte Vorbereitung und standardisierte Tourenplanung ist beim Hochtourengehen unerlässlich. Zu komplex und vielfältig sind die Faktoren, die den Erfolg einer Hochtour beeinflussen, als dass einfach so drauflosgegangen werden könnte. Betrachtet man Unfälle kritisch, dann wird deutlich, dass sich manches Unglück durch eine gründliche Tourenplanung hätte vermeiden lassen können. Damit die Tourenplanung nicht beliebig und unvollständig ausfällt, empfiehlt es sich, nach einem klar strukturierten Schema vorzugehen. Der

Schweizer Lawinenexperte Werner Munter hat mit seiner Filtermethode »3 x 3« ein System der grundlegenden Informationsbeschaffung zur Beurteilung der Lawinengefahr entwickelt, das im Folgenden etwas angepasst für die Situation »Hochtourengehen« vorgestellt werden soll.

3 x 3-Filtermethode

Die 3 x 3-Filtermethode besteht aus der Ebene der konstanten und immer wiederkehrenden Phasen Tourenplanung, Routenwahl, Einzelsituation und der Ebene der ständig wechselnden Ein-

Das Erreichen des Gipfels ist der Lohn für eine gewissenhafte Tourenplanung.

3×3 Filtermethode				
	Verhältnisse	**Gelände**	**Mensch**	**Ort**
Tourenplanung	• Wetterbericht • Lawinenlage- bericht • persönliche Berichte • alpine Auskunft • Internetnutzung • Gletscherstand • Eisverhältnisse	• Führerliteratur • Karten • persönliche Berichte • Internetnutzung • Entfernungen/ Zeiten	• Leiter • Gruppengröße • Motivationen • Können • Ausrüstung	• zu Hause • auf der Hütte • im Quartier
Routenwahl	• Markierungen • Umwege/ Abkürzungen • objektive Gefahren • Wetterwechsel • Absicherung	• ständige Beobachtung • Standort- orientierung • flexibel reagieren • ökonomische Route	• Kondition • Stimmung • Konkurrenz • Erfolgsdruck	• am Ausgangs- punkt • an Wegabzwei- gungen • beim Gehen • während Pausen
Einzelsituation	• Objektive Gefahren • Veränderungen von Filter 1 und 2?	• Geländeart (z.B. Absturzgelände • Abicherung • Sicht	• Gruppendynamik • Überforderung • Übermotivation • Finaldenken kurz vor dem Gipfel	• in allen Entschei- dungssituationen

flussparameter Verhältnisse, Gelände, Mensch und Ort.

In allen drei Phasen müssen zu jedem Einflussparameter so viele Informationen wie möglich gesammelt werden. Die Bedeutung und Interpretation der Informationen sind die Grundlage der Meinungsbildung und Entscheidungsfindung bzw. der situativen Verhaltensanpassung. Darüber hinaus können die vielfältigen und bewusst gesammelten Erfahrungen den »Erfahrungsschatz« bereichern und zudem macht das genaue »Austüfteln« einer Hochtour Spaß.

Die abgebildete Tabelle ermöglicht es, jede der drei Phasen mit den Ebenen Verhältnisse, Gelände und Mensch zu kombinieren. Die wichtigsten Fragestellungen für die Tourenplanung sind:

Tourenplanung Verhältnisse

Welche Verhältnisse herrschen?

Wetterbericht
• Möglichst aktuell (telefonisch, Faxabruf, Rundfunk, TV, Internet).
• Passend für die Region.

- Ist die Wetterlage geeignet?
- Wetterprognose für die nächsten Tage.
- Mögliche Niederschlagsentwicklung, Windrichtung und Temperaturverlauf.
- Ist das gewählte Tourenziel in dieser Jahreszeit geeignet?
- Sonnenauf- und -untergangszeiten berücksichtigen (vor allem im Herbst).
- Dauer der Tour abhängig von möglichen Wetterveränderungen planen.

Lawinenlage
- Bei Hochtouren nur nach extremen Neuschneefällen oder Erwärmung.
- Gefährdete Gelände- und Hangbereiche in unterschiedlichen Höhenlagen und Expositionen.
- Sicherheitsausrüstung mitführen.

Persönliche Berichte, Alpine Auskunft, Internet
- Hüttenwirt oder Fremdenverkehrsbüro anrufen.
- Alpine Auskunft der Alpenvereine anrufen.
- Hochtourengeher befragen, die die Tour schon gemacht haben.
- Lokale Bergsteigerschulen oder ortsansässige Bergführer befragen.
- Aktuelles Routenforum im Internet abfragen: Zustand des Gletschers (Blankeis oder mit Altschnee bedeckt), Zustand der Eiswand (Trittschnee, Firnauflage oder Blankeis), Zustand des Bergschrundes oder der Randkluft.

- Aktuelle Tourenberichte in Alpinen Zeitschriften verfolgen.
- Expeditionsberichte lesen.

Tourenplanung Gelände

Wie ist das Gelände?

Führerliteratur
- Lage des Tourenziels bzw. Tourengebietes mit Überlegungen zur An- und Abreise, Sprache und Währung.
- Lage und Art der Hütten oder auch Biwakschachteln (bewirtschaftet oder nicht bewirtschaftet).
- Sonstige Infrastruktur wie Talorte, Verkehrswege, Seilbahnen und Lifte, Übernachtungsmöglichkeiten, alpine Auskunftstellen vor Ort.
- Gesamtanforderung der Route.
- Höhenmeter für Aufstieg und Abstieg mit Gipfelhöhen, Länge und Steilheit der Eiswand.

Die richtige Routenwahl

• Verteilung eventueller Kletterschwierigkeiten im Fels, Eis oder kombinierten Gelände.
• Sonstige Schwierigkeiten, die sich aus den aktuellen Verhältnissen und den Rahmenbedingungen ergeben.
• Fotos studieren.

Karten
• Möglichst Maßstab 1:25.000 verwenden.
• Äquidistanz (Höhenlinienabstand) berücksichtigen.
• Neigungen abmessen, Jahr des Gletscherstandes berücksichtigen.
• Wird die Tour von der Karte ganz abgedeckt?
• Markante Checkpunkte einprägen (Wegabzeigungen etc.).

Persönliche Berichte und Internet
Siehe Tourenplanung Verhältnisse.

Entfernungen und Zeiten
• Ungefähre Zeiten für Aufstieg und Abstieg ausrechnen (je nach technischen und konditionellen Voraussetzungen stark schwankend).
• Gehzeitenberechnung: Alleingeher oder Kleingruppen in einer Stunde 400 Höhenmeter im Aufstieg, 800 Höhenmeter im Abstieg, 5 Kilometer Horizontalentfernung.
• Gehzeitenformel: von den für Horizontal- und Vertikalentfernung errechneten Zeiten wird der kleinere Wert halbiert und zum größeren addiert.

• Kalkulation von Pausenzeiten (mindestens alle 2 Stunden eine Pause von 15 Minuten).
• Zeitreserve einplanen (ebenfalls je nach technischen und konditionellen Voraussetzungen stark schwankend, bis zu 50 Prozent Zeitzuschlag).

Tourenplanung Mensch

Welche Seilschaftspartner sind mit auf Tour?

Leiter
• Der Erfahrenste übernimmt die Führung. Dies trifft vor allem dann zu, wenn er aufgrund seines persönlichen Könnens und Wissens mehr Sachverstand hat als die anderen Gruppenteilnehmer.
• Der Leiter bestimmt das Gehtempo, sodass es für den schwächsten Teilnehmer angenehm ist.
• Der Leiter bestimmt die Pausen, gibt Hilfestellungen, motiviert und informiert.
• Der Leiter überprüft die Vollständigkeit der Gruppe, teilt den Schlussmann ein und beschließt Sicherungsmaßnahmen wie Anseilen etc.

Gruppengröße
• Beim Hochtourengehen auf einfachen klassischen Normalwegen ist das Gehen und Steigen in einer Gruppe bis zu neun Personen zu verantworten. Auf dem Gletscher können so drei Dreierseilschaften gebildet werden.

- Beim Hochtourengehen auf anspruchsvollen Routen mit Kletterpassagen in
Fels und Eis ist eine Gruppe bis zu sechs
Personen zu verantworten. Auf dem Gletscher und in Eiswänden oder Firnflanken
können dann zwei Dreierseilschaften gebildet werden. Bei längeren Felspassagen sind drei Zweierseilschaften empfehlenswert.
- Vom Alleingehen auf Hochtouren ist
generell abzuraten.

Können der Teilnehmer
- Unterschiedliche konditionelle Vor-
aussetzungen berücksichtigen.
- Die technischen Anforderungen und
Schwierigkeiten im Auf- und Abstieg
müssen allen bekannt sein.
- Die Gruppe sollte im Können und in
ihren Interessen homogen sein.
- Ideal ist es, wenn sich die Gruppe von
anderen Hochtouren bereits kennt.

Ausrüstung
- Anpassung an die Erfordernisse des
Tourenzieles.
- Berücksichtigung von Wetterlage und
Jahreszeit.
- Gruppenausrüstung und individuelle
Ausrüstung.
- Check der einzelnen Ausrüstungsteile
(funktionelle Bekleidung, spezielle, al-
pintechnische und sonstige Ausrüstung)
auf Vollständigkeit und Notwendigkeit.

Die Informationsbeschaffung und Entscheidungsfindung kann anhand des

oben vorgestellten Schemas ebenso für
die Phasen Routenwahl und Einzelsituation vorgenommen werden. Dies erfolgt
jedoch nicht zu Hause, sondern in der
Region bzw. in der einzelnen Situation.
Somit sind die Phasen Wegwahl und
Einzelsituation nicht mehr als Tourenplanung anzusehen, sondern vielmehr
als Führungsmanagement vor Ort.

Planmäßige
Biwaknacht
vor dem
Grießferner,
Zillertaler
Alpen

BEHELFSMÄSSIGE BERGRETTUNG, ERSTE HILFE UND UNFALL-MANAGEMENT

Die häufigsten Unfallursachen sind Selbstüberschätzung und Leichtsinn. Paart man diese subjektiven Gefahren mit objektiven Gefahren wie zum Beispiel Eisschlag oder Gewitter, ergibt sich eine Vielzahl von alpinen Risikosituationen, die nicht selten im Unglück enden. Um im Falle eines Unfalles die richtigen Schritte einzuleiten, sollte man sich immer wieder in Ruhe alles Erforderliche durchdenken, die Erste-Hilfe-Ausrüstung kontrollieren und die Handgriffe der behelfsmäßigen Bergrettung üben. Selbst wenn die Unfallmeldung mit einem Mobiltelefon meist schnell und unkompliziert über die weit verbreitete internationale Notrufnummer 112 erfolgen kann, muss man die verschiedenen Verfahren der behelfsmäßigen Bergrettung beherrschen, um sich selbst oder dem Seilpartner schnell und sicher zu helfen (z. B. nach einem Spaltensturz). Geeignete Maßnahmen

Prusik-technik zur Selbst-rettung nach Spaltensturz

der Ersten Hilfe gestatten es im Notfall, einen Verletzten angemessen zu versorgen und ihm das Überleben zu sichern, bis professionelle Hilfe eintrifft.

Behelfsmäßige Bergrettung nach Spaltensturz

Kommt es auf einem Gletscher zum Spaltensturz eines Seilschaftsmitglieds, muss schnell reagiert werden, um den Sturz zu halten. Danach gilt es ruhig zu bleiben und die Situation zu analysieren, um überlegt die notwendigen Schritte zur Spaltenbergung einzuleiten. Ist der Gestürzte bei Bewusstsein und unverletzt (lässt sich durch Zuruf feststellen), dann kann er sich mittels Selbstrettung aus seiner misslichen Lage befreien. Sind die Seilschaftsmitglieder in der Kameradenrettung geschult, dann ist diese wegen der geringeren körperlichen Belastung des Gestürzten vorzuziehen. Bei allen Spaltenbergungsverfahren kann heutzutage anstelle der altbewährten Prusikschlingen auch mit modernen Rücklaufsperren aus Leichtmetall gearbeitet werden (z. B. Ropeman, Tibloc).

Selbstrettungsverfahren

Bei dieser Prusiktechnik wird mit einer langen und einer mittellangen Prusikschlinge am Seil aufgestiegen.

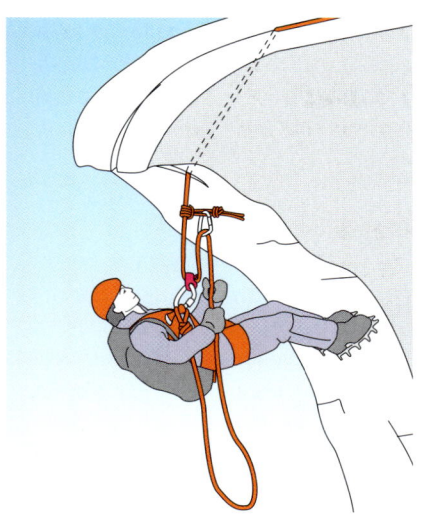

- Die lange Prusikschlinge kann zum besseren Stehen evtl. hinter dem Anseilgurt geführt werden.
- Bei überhängendem Spaltenrand oder bei tief in den Schnee eingeschnittenem Seil kommt der Gestürzte aus eigener Kraft kaum mehr über dieses letzte Hindernis hinweg. Hier wird am besten die Selbstseilrolle angewendet. Dazu hängt man in die Anseilschlaufe des Hüftgurtes am besten eine Rücklaufsperre aus Leichtmetall (z. B. Ropeman). Das rückseitig aus der Klemme austretende Seil wird nach oben zum bereits eingehängten Karabiner geführt und eingehängt. Nun kann durch abwechselndes Vorführen der Hüfte und Höherschieben der mittellangen Prusik der letzte Wegabschnitt bewältigt werden.

Die mittellange Prusikschlinge wird nach dem Anlegen ans Seil knapp hinter dem Prusikknoten mit einem Sackstich abgebunden. In die entstehende Schlaufe wird ein Normalkarabiner eingehängt. Das Schlingenende wird mit einem Schraubkarabiner in die Anseilschlaufe des Hüftgurtes eingehängt. In die unterhalb eingeknotete und auf die optimale Länge abgebundene lange Prusikschlinge steigt man mit einem Bein oder auch mit beiden. Durch das wechselhafte Belasten und Höherschieben der beiden Prusikschlingen kann am Seil aufgestiegen und wieder gerastet werden.

Kameradenrettung

Da ein Spaltensturz eine hohe psychische (und auch physische) Belastung für den Gestürzten ist, sollte bei einer Seilschaftsgröße ab drei Personen die Kameradenrettung einsetzen.

Links:
Selbstseilrolle mit Ropeman

Üben der Kameradenrettung

Material:
- Lange Prusik: Durchmesser 5 bis 6 mm, Länge zweifache Körperlänge.
- Mittellange Prusik: Durchmesser 5 bis 6 mm, Länge einfache Körperlänge.

Mannschaftszug

Der Mannschaftszug ist die einfachste und schnellste Methode der Kameradenrettung. Er kann allerdings nur angewendet werden, wenn das Seil nicht oder nur leicht am Spaltenrand eingeschnitten ist und mindestens drei bis vier Seilschaftsmitglieder oder noch andere Bergsteiger zum Ziehen zur Verfügung stehen. Ohne einen Fixpunkt vorzubereiten wird der Gestürzte durch kontrolliertes Rückwärtsgehen der Seilpartner aus der Spalte gezogen. Eine extra gesicherte Person muss am Spal-tenrand immer Sicht- und Rufkontakt zum Gestürzten haben, um die Zuggeschwindigkeit und eventuelle Stopps und Manöver am Spaltenrand anzusagen.

Lose Rolle

Die Lose Rolle ist die geeignete Bergemethode für eine Zweier- oder Dreierseilschaft. Zu ihrem Aufbau benötigt man nach der Fixierung des belasteten Seiles und der Kontaktaufnahme mit dem Gestürzten so viel Restseil, dass das doppelt genommene Seil zum Gestürzten

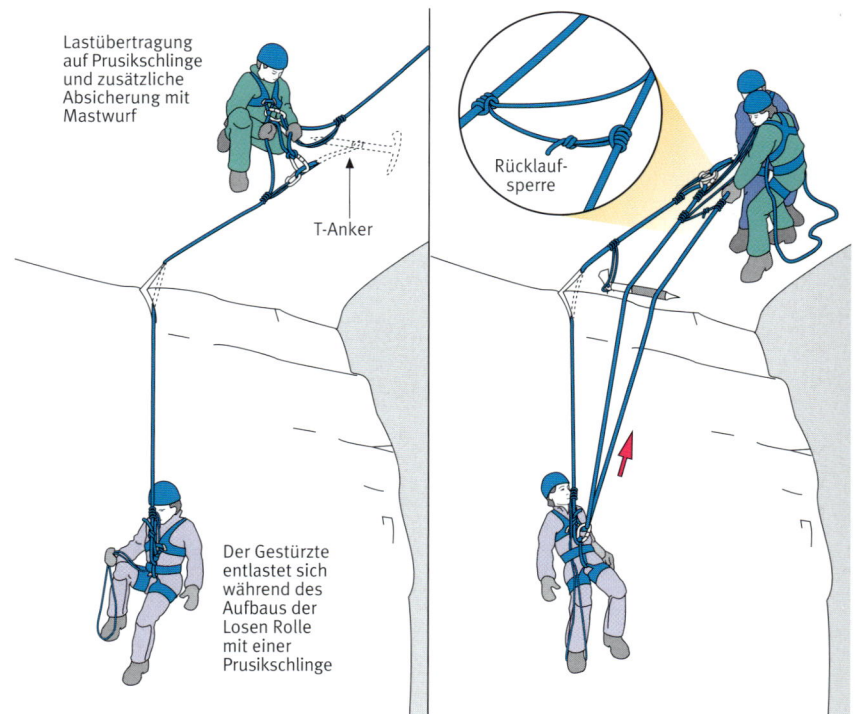

Lastübertragung auf Prusikschlinge und zusätzliche Absicherung mit Mastwurf

T-Anker

Rücklaufsperre

Vereinfachte Darstellung der Spaltenbergung mit der »Losen Rolle«

Der Gestürzte entlastet sich während des Aufbaus der Losen Rolle mit einer Prusikschlinge

hinabreicht. Dabei ist es vorteilhaft, am Spaltenrand einen gesicherten Pickel oder Tourenstöcke unterzulegen. So wird ein Einschneiden des Seiles im Schnee während des Hochziehens des Gestürzten verhindert. Um einen ungewollten Seilrücklauf nach dem jeweiligen Hochziehakt zu vermeiden, wird in das einzuziehende Seil mittels einer Prusikschlinge eine Rücklaufsperre eingebaut.

Hinweise:

- Für die Lose Rolle benötigt man unbedingt einen absolut zuverlässigen Fixpunkt.
- Der Gestürzte muss bei Bewusstsein sein, um die Lose Rolle einzuhängen.
- Ist der Gestürzte nicht mehr bei Bewusstsein, bietet sich folgende Vorgehensweise an: An der Stelle, wo das Seil am Spaltenrand verschwindet, wird eine Kurzprusikschlinge eingeknüpft. In diese wird ein Schraubkarabiner eingehängt. Das Restseil wird nun in diesem Karabiner umgelenkt. Wie bereits oben beschrieben wird in das Restseil die Rücklaufsperre mit der Langprusik des Seildritten eingeknotet. Alternativ seilt sich ein Seilschaftspartner in die Spalte ab, hängt die Lose Rolle am Gestürzten ein und prusikt wieder nach oben. Der Vorteil dabei ist, dass am Gestürzten bereits Erste Hilfe geleistet werden kann.

Ablauf

- Sturz abbremsen und halten, Seilzweiter übergibt die Belastung auf den Hintermann.
- Seilzweiter knüpft eine lange Prusikschlinge ins Seil, Selbstsicherung in der Prusikschlinge mit Schraubkarabiner am Anseilpunkt, Anseilknoten aushängen, um Bewegungsfreiheit zu haben.
- Seilzweiter baut Fixierung mit T-Anker oder Eisschraube, mittellange Prusikschlinge ins Seil einhängen.
- Lastübergabe auf die Fixierung mit mittellanger Prusikschlinge, danach das unbelastete Seil mit Mastwurf in einen Schraubkarabiner in der Fixierung einhängen.
- Der Seildritte kann während dieser Zeit seinen Langprusik mit zwei gleich langen und offenen Enden ins Seil knoten. In ein Ende kommt die Selbstsicherung für den Seildritten.
- Seildritter geht mit seiner Selbstsicherung bis an den Spaltenrand und nimmt Rufkontakt auf.
- Restseil hervorholen, die Lose Rolle (Schraubkarabiner) am Restseil einhängen und dem Gestürzten zum Einhängen an den Anseilpunkt ablassen.
- Nun einen gesteckten Prusikknoten (mit dem zweiten offenen Ende der bereits vorbereiteten langen Prusikschlinge des Seildritten) ins Zugseil als Rücklaufsperre einknoten oder eine mechanische Rücklaufsperre verwenden.

• Gestürzten vorsichtig zu zweit heraus-
ziehen, dabei den gesteckten Prusikknoten als Rücklaufsperre Stück für Stück
nach vorn schieben.

Spaltensturz des Mittelmannes

Spaltenstürze von Mittelmännern in
Seilschaften können auf folgende Weise
bewältigt werden:

Was ist beim Spaltensturz eines Mittelmannes zu tun?

• Grundsätzlich sollte der Gestürzte an
der Spaltenwandseite geborgen werden,
auf deren Seite sich die größere Anzahl
Hochtourengeher befindet. Ist deren
Anzahl auf den zwei Seiten der Spalte
gleich, sollte die Spaltenwandseite
gewählt werden, auf der der beste Fixpunkt errichtet werden kann und/
oder die Hangneigung zur Spalte an-
steigend ist.

• Hängt der Gestürzte frei in der Luft
(sehr unwahrscheinlich), sollten die Seilschaftsmitglieder einer Seite zur Spalte
schreiten und so den Gestürzten ein-
seitig ablassen, sich dann an einem
Fixpunkt sichern und mit der Spaltenbergung beginnen.

Erste Hilfe und Maßnahmen am Unfallort

Unfallursache Nummer eins beim Hochtourengehen ist der Verlust des körperlichen Gleichgewichts. Die unweigerlichen Folgen sind unkontrolliertes Stolpern oder der Fall, verbunden mit Reflexen zum Abfangen oder Abrollen des Körpers. Das dabei auftretende Anschlagen oder Aufprallen des Körpers auf Schotter, Blockwerk und Eis verursacht ein weites Spektrum von Verletzungsarten, vor allem der Gliedmaßen. Schnitt- und Stichwunden ergeben sich schnell aus unsachgemäßem Gebrauch der Eisausrüstung. Prellungen, Riss- und Platzwunden durch Eisschlag sind gerade in Firn- und Eiswänden nicht selten. Ausrutscher in Absturzgelände (zum Beispiel steile Altschneefelder, die an Abbrüchen enden) können auch tödlich enden.

Die Rucksackapotheke

Der wichtigste Ausrüstungsgegenstand für Erste-Hilfe-Leistungen im Gebirge ist eine Rucksackapotheke. Diese sollte aus folgender Mindestausstattung bestehen:

Sortiment einer Rucksackapotheke
➤ Heftpflaster, evtl. Klammerpflaster
➤ Sortiment sterile Wundauflagen
➤ Großes und kleines Verbandspäckchen
➤ Dreiecktuch
➤ Schere und Sicherheitsnadeln
➤ 2 elastische Binden
➤ 1 Rolle Tape
➤ Wunddesinfektionsmittel
➤ Spezialpflaster gegen Blasen
➤ Einmalhandschuhe
➤ Beatmungsfolie
➤ Rettungsdecke (Alu)
➤ Schmerzmittel
➤ evtl. Kühlmittel (Gel, Spray o.ä.).

Wichtig ist, dass die Rucksackapotheke regelmäßig runderneuert oder wieder ergänzt wird, dass sie vor Nässe geschützt ist und auch für Fremde als Erste-Hilfe-Päckchen optisch erkennbar ist. Bei mehrtägigen Touren, Auslandsbergfahrten und größeren Gruppen muss die Ausstattung je nach Situation erweitert werden (zusätzlich: persönliche Medikamente, Mittel gegen Durchfall, Übelkeit, Muskelkrämpfe, diverse kühlende und entzündungshemmende Salben gegen Prellungen etc.). Die Absprache mit bergerfahrenen Ärzten ist zu empfehlen.

Erste Hilfe bei Verletzungen

Erste-Hilfe-Leistungen im Gebirge bestehen im Wesentlichen aus dem in allen Erste-Hilfe-Kursen gelernten ABC der Wiederbelebung, dem Stillen von Blutungen, dem Versorgen von Knochenbrüchen, dem Anlegen von Verbänden usw. Das Wissen aus diesen Kursen sollte regelmäßig aufgefrischt werden.

Die Erste-Hilfe-Leistungen ersetzen selbstverständlich nicht die nachfolgende Behandlung durch einen Arzt. Wer sich ausführlicher zu diesem Thema informieren möchte, sei auf die Bücher von Toni Freudig und Adalbert Martin zur Bergrettung sowie von Günter Durner und Alexander Römer zur Ersten Hilfe (siehe Literaturnachweis) verwiesen. Sehr häufig sind Verunfallte nicht mehr in der Lage, selbstständig zum nächstgelegenen sicheren Standort abzusteigen, von dem die Bergrettung den weiteren Transport übernehmen kann. In diesem Fall ist der behelfsmäßige Abtransport notwendig. Um den Verunfallten und auch die Retter nicht zu gefährden, muss dieser Transport mit äußerster Vorsicht durchgeführt werden. Ist mit dem Ein-

treffen der professionellen Bergrettung am Unfallort in absehbarer Zeit zu rechnen, sollte dem Warten mit Warmhalten des Verunfallten der Vorzug gegeben werden.

Stocktrage

❚ Mit der Stocktrage können verunfallte Bergsteiger behelfsmäßig in sicheres Gelände transportiert werden, um von dort den Abtransport durch die planmäßige Bergrettung erfolgen zu lassen.
❚ Zwei bis vier Stöcke zwischen dem Rücken des Trägers und den Tragegurten des Rucksacks horizontal einschieben (Stöcke polstern).
❚ Träger und Verunfallter, der bei Bewusstsein sein muss, richten im Sitzen die Sitz- bzw. Trageposition ein.
❚ Mit Schwung aufstehen und im Idealfall mit Fremdhilfe den Transport vornehmen.

**Transport-
möglichkeit
mit Stock-
trage**

Unfallmanagement

Ist es zu einem Unfall gekommen, dann sollte man nach einem klaren Schema handeln, um falsche oder übereilte Entscheidungen zu verhindern. Es ist empfehlenswert, sich hin und wieder folgenden Ablaufplan zu vergegenwärtigen.

Unfallsituation erfassen
• Was ist passiert?
• Wer ist betroffen?
• Besteht weiterhin Gefahr?

Sofortbergung aus dem Gefahrenbereich

• Befindet sich der Verletzte in einem unmittelbaren Gefahrenbereich (z. B. in einer Steinschlagzone), muss er abtransportiert werden?
• Wo ist der nächste sichere Ort?
• Kann der Verunfallte dorthin transportiert werden?
• Was geschieht am sicheren Ort als nächstes?

Behebung lebensbedrohlicher Zustände wie Atemstillstand, Kreislaufstillstand, Schock

• Kontrolle der Atmung.
• Ansprechen und Berühren des Verunfallten.
• Kontrolle des Pulses.
• Wiederbelebungsmaßnahmen ergreifen (bei Atemstillstand, Herzstillstand) oder entsprechende Lagerung des Verunfallten (bei Ohnmacht, Schock).

Erstversorgung von Verletzungen

• Erste-Hilfe-Paket öffnen und nötiges Material hervorholen.
• Verletzungen nach Schweregrad einteilen und versorgen.
• Bei Verdacht auf Wirbelsäulenverletzungen den Verletzten möglichst nicht bewegen!
• Den Verletzten möglichst bequem lagern und warm halten.
• Ständig prüfen, ob der Verletzte noch bei Bewusstsein ist. Mit ihm sprechen und ihn beruhigen.

Überlegungen zum Abtransport des Verletzten und zur Alarmierung der organisierten Bergrettung

• Bergwacht alarmieren (Mobiltelefon, Helfer losschicken) und mindestens Unfallort, exakte Gruppengröße, Verletzungen und Namen des Melders angeben.
• Kann kein Helfer losgeschickt werden, setzt man das alpine Notsignal ab.
• Bis zum Eintreffen der organisierten Bergrettung abwarten. Dabei Verunfallten kontrollieren, Mut zusprechen.
• Bei Sichtkontakt zur Bergwacht oder Hubschrauberrettung Erkennungszeichen geben (»Yes«/»Ja« – ich brauche Hilfe = beide Arme zur Seite nach oben ausstrecken und »No«/»Nein« – ich brauche keine Hilfe = Arme diagonal nach oben und unten seitlich strecken).

Hinweise:

• Unfälle sollten den alpinen Verbänden gemeldet werden. Anhand der Fallbeispiele können neue Erkenntnisse gewonnen werden, die langfristig allen Bergsteigern zur Unfallvorbeugung zu Gute kommen können.
• Alpines Notsignal: Innerhalb einer Minute sechsmal in regelmäßigen Abständen ein hörbares oder sichtbares Zeichen geben (Lampe, Rufen, Pfeifen) – Pause von einer Minute – Zeichen wiederholen bis Antwort erfolgt. Antwort der Bergrettung: Innerhalb einer Minute wird dreimal ein Zeichen gegeben.

ORIENTIERUNG

Die Orientierung beim Hochtourengehen stellt eine große Herausforderung dar und gehört mit zum interessantesten, was das Begehen klassischer Anstiege auf vergletscherte Gipfel zu bieten hat. Abseits der angelegten Wege und Steige bzw. markierten Routen gilt es, eine sichere Spur zum höchsten Punkt und wieder hinab zu legen. Dieser Weg muss im Hinblick auf die Kondition auch ökonomischen Gesichtspunkten genügen und die aktuellen Verhältnisse berücksichtigen. Diese Anforderungen an die Routenwahl und noch weitere Aspekte wie Schnelligkeit oder Ästhetik zu einem harmonischen Anstiegsverlauf miteinander zu verknüpfen, ist die höchste Kunst des Orientierens im Hochgebirge.

Die Orientierung beginnt bereits zu Hause, indem sich Hochtourengeher durch Karten-, Foto- und Führerstudium einen Eindruck vom Gelände verschaffen.

Auch das Internet bietet mehrere Möglichkeiten zur vorbereitenden Orientierung, wie beispielsweise durch das Abrufen und Downloaden von Fotos und Beschreibungen von diversen Anstiegsrouten oder das Besuchen von Gesprächsforen über die aktuellen Routenverhältnisse. In Gedanken kann so die ganze Tour probeweise begangen werden.

Im Gelände sollte dann jederzeit der eigene Standort und die gerade zurückgelegte Wegstrecke auf der Karte angezeigt werden können. Auf markierten Wegen oder Klettersteigen ist dies meist unschwer nachzuvollziehen. Anspruchsvoller wird es mitten in einem Gletscherkessel, wenn man völlig selbstständig zum richtigen Schartenübergang gelangen möchte. Erschwert schlechte Witterung die Sicht, dann ist der Einsatz praktischer Hilfsmittel wie Karte, Führer, Kompass und Höhenmesser zur Orientierung gefragt.

Orientierungsmittel

Karte

Beim Hochtourengehen benutzt man topografische Karten, die ein zweidimensionales verkleinertes, aber maßstabsgetreues Grundrissbild der dreidimensionalen Erdoberfläche abbilden. Das Gelände wird als plastisch erscheinendes Relief abgebildet, welches anhand der Zeichenerklärungen in der Kartenlegende interpretiert werden kann.

Das Abbildungsverhältnis zwischen Karte und Natur wird als Kartenmaßstab bezeichnet. Der ideale Maßstab beträgt 1:25.000, das heiß 1 cm auf der Karte entspricht 250 m (= 25.000 cm) in der Natur. Leider gibt es nicht von allen Bergregionen solche Karten. Karten im Maßstab 1:50 000 sind für das Orientieren in weglosem Gelände nur bedingt geeignet, denn wichtige Geländeformationen sind entweder gar nicht oder nur sehr vereinfacht dargestellt.

Himmelsrichtungen

Bei sämtlichen Karten verläuft der Kartenrand exakt von Norden nach Süden, das heißt Norden ist auf einer Karte immer oben, Süden immer unten. Die Leserichtung der Kartenschrift verläuft von West nach Ost – zumindest bei Gipfel- und Hüttennamen sowie bei Höhenangaben. Eine Ausnahme bilden flächenhafte Objekte wie Täler, Seen, Gletscher, Flussläufe, deren Beschriftung entlang der längsten Ausdehnungsrichtung geschrieben ist.

Geländeformen

Mulden, Rücken, Täler, Grate und alle anderen Oberflächenformen werden durch Höhenlinien dargestellt. Eine Höhenlinie verbindet alle Geländepunk-

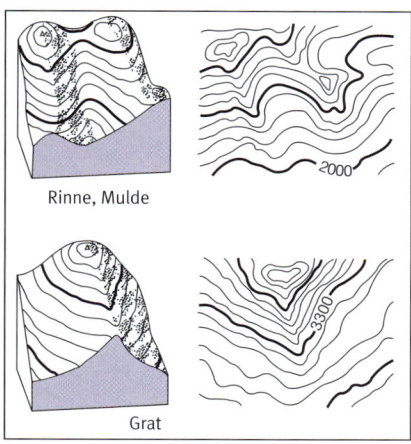

Rinne, Mulde

Grat

te gleicher Meereshöhe mittels einer Linie. In Alpenvereinskarten mit dem Maßstab 1:25.000 sind die Höhenlinien der 20-Meter-Abstände im Gelände aufgeführt. Aus dem Abstand der Höhenlinien zueinander kann wiederum die Geländeneigung bestimmt werden. Je enger die Höhenlinien zueinander liegen, desto steiler ist das Gelände, je weiter auseinander sie liegen, desto flacher ist es. Dies ist wichtig, um die Neigung einer Eiswand zu bestimmen.

Jede fünfte Linie bildet die 100-Meter-Marke und ist zum schnelleren Auffinden und Zählen in ihrer Farbe verstärkt. Des Weiteren haben Höhenlinien zum Teil unterschiedliche Farben (z. B. Blau für Gletscher, Schwarz für Fels und Schutt, Braun für Bewuchs).

Praxistipp:

● Anhand der Höhenlinien kann auch die Hangexposition bestimmt werden. Auf mehrere parallel liegende Höhenlinien zeichnet man dazu eine senkrecht auf sie kreuzende Linie (Lot). Durch das Vergleichen dieser Linie mit der Nord-Süd-Linie erhält man die Himmelsrichtung des Hanges. Dies ist z. B. nützlich, wenn man ermitteln will, ob eine steinschlaggefährdete Schneeflanke durch ihre Ostexposition schon früh die den Schmelzprozess fördernden Sonnenstrahlen abbekommt.

Oberflächenbeschaffenheit

Im Hochgebirge täuscht eine geschlossene Schneedecke oft über die vorhandene Spaltengefahr hinweg. In diesen

Geländeformen und ihre Darstellung mit Höhenlinien

Fällen kann ein Blick in die Karte Aufschluss über den Untergrund geben. Da in den Alpen allerdings die meisten Gletscher an Masseverlust leiden, ist der Gletscherstand zum Ausgabedatum der Karte meist nicht mehr identisch mit dem Gletscherstand in den Folgejahren.

Die Kartenlegende informiert über sämtliche Zeichen zur Beschreibung der Geländeoberfläche. Eine einheitliche farbliche Markierung erleichtert das Zurechtfinden auf der Karte, da Grün für Bewuchs, Weiß für Gletscher usw. verwendet wird. Für den Hochtourengeher wichtige von Menschenhand geschaffene Einrichtungen wie Hütten werden vergrößert dargestellt.

Führer

In der alpinen Führerliteratur gibt es ein großes Angebot an Auswahl- oder Gebietsführern. In Auswahlführern werden die lohnendsten Touren eines Großraumes beschrieben. In relativ knapper Ausführung werden die nötigen Grundinformationen, also Ausgangsort, Höhenunterschied zwischen Tal und Gipfel, Höhe der Eiswand, Hüttenstützpunkte, Zeitangaben über die durchschnittliche Anstiegs- und Abstiegszeit bei »normalen« Bedingungen und der allgemeine Charakter der Tour aufgeführt.

Gebietsführer sind von Kennern verfasst, die eine spezielle Region (z.B. die Ötztaler Alpen) sehr ausführlich beschreiben. Dabei wird oft zusätzliches Hintergrundwissen zur Geografie oder Geologie, zur Infrastruktur, zu kulturellen Besonderheiten, zu besonderen Gefahrenstellen, zur Bergrettung und vor allem zu allen möglichen Tourenzielen, auch Ausweichtouren, gegeben. Bei Hochtouren finden sich noch Angaben über die Steilheit einer Tour und die Felsschwierigkeiten nach der UIAA-Skala (z.B. Piz Bernina Biancograt, Eis/Firn 50° und Fels III+). In vielen Ländern wird auch eine siebenstufige Skala verwendet. Hier werden auch die französischen Abkürzungen wiedergegeben, da diese in vielen Schweizer und natürlich in den französischen Führern verwendet werden.

L	leicht	= F	facile
WS	wenig schwierig	= PD	peu difficile
ZS	ziemlich schwierig	= AD	assez difficile
S	schwierig	= D	difficile
SS	sehr schwierig	= TD	très difficile
AS	äußerst schwierig	= ED	extrêmement difficile
EX	extrem schwierig	= ABO	abominable

Kompass

Mit dem Kompass können die Himmelsrichtungen bestimmt werden, da die frei schwingende Magnetnadel immer in Richtung des magnetischen Nordpols

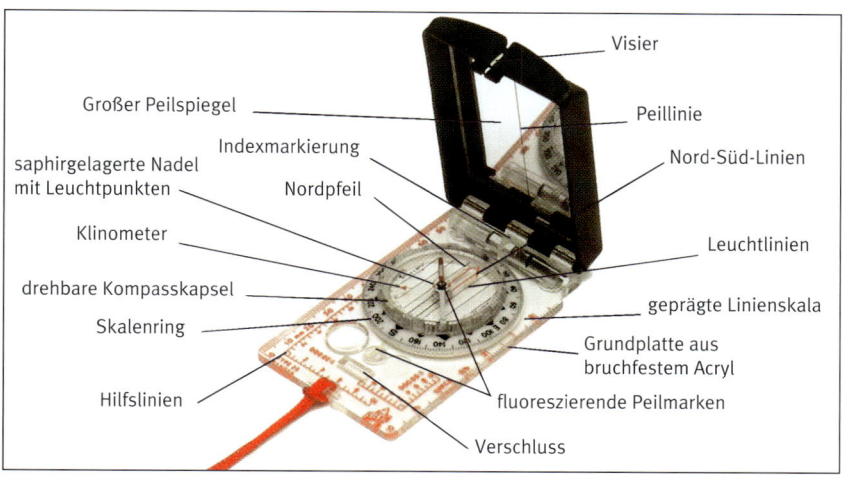

Kompass mit Beschreibung

Visier

Großer Peilspiegel

Peillinie

Indexmarkierung

Nord-Süd-Linien

saphirgelagerte Nadel mit Leuchtpunkten

Nordpfeil

Klinometer

Leuchtlinien

drehbare Kompasskapsel

geprägte Linienskala

Skalenring

Grundplatte aus bruchfestem Acryl

Hilfslinien

fluoreszierende Peilmarken

Verschluss

zeigt. Da dieser jedoch ca. 1500 Kilometer vom geografischen Nordpol entfernt ist, somit nicht mit ihm identisch ist, ergibt sich eine Missweisung, die je nach Region unterschiedlich groß ausfällt. Diese ist auf Karten vermerkt und muss vor dem ersten Gebrauch des Kompasses eingestellt werden. In den Alpen ist die Missweisung zu vernachlässigen. Die Kompassdose ist in 360 Grad eingeteilt. Anhand der Gradeinteilung können Marschzahlen abgelesen werden, die den Winkel zwischen zwei Richtungen wiedergeben.

Praxistipps:

● Kompass bei Benutzung immer waagrecht halten, damit die Magnetnadel frei schwingen kann. Von Eisenteilen, elektrischen Leitungen, eingeschalteten Handys und Sendern Abstand halten

Höhenmesser

Der Höhenmesser ist ein unverzichtbares Gerät, um festzustellen, auf welcher Höhe über dem Meer man sich befindet. Die Funktionsweise eines barometrischen Höhenmessers beruht auf der Messung von Luftdruckveränderungen. Es werden Luftdruckveränderungen durch Höhenveränderungen und Luftdruckveränderungen durch Wetterwechsel gemessen. Neben mechanischen Höhenmessern mit analoger Anzeige (Zeiger) sind auch elektronische mit digitaler Anzeige erhältlich, die weitere Funktionen besitzen (z. B. Stoppuhr, Aufstiegstempo). Für den Hochtourengeher ist besonders das Ablesen des reduzierten Luftdrucks interessant, da nur mit diesen auf Meereshöhe bezogenen Werten eine Karte optimal genutzt werden kann.

Bestimmung der momentanen Höhe

Die momentane Höhe gibt Aufschluss über die bereits zurückgelegten und die noch zu bewältigenden Höhenmeter. An bekannten Standorten kann die Übereinstimmung der Höhenmeteranzeige mit dem exakten Kartenwert verglichen und der richtige Routenverlauf kontrolliert werden. Beim Gehen im Nebel kann man sich bei im Führer exakt angegebenen Richtungsänderungen auf bestimmten Höhenmarken an den Höhenmesser halten, sofern die Höhe richtig wiedergegeben wird.

Bestimmung des Standortes

Ist der Linienverlauf des eigenen Weges bekannt, ergibt sich aus dem Schnittpunkt der Weglinie und der gemessenen Höhenlinie der Standort. Liegt auf dieser Höhenlinie das Tourenziel (z. B. Hütte, Scharte), gelangt man durch das Ablaufen der Höhenlinie – solange diese gefahrlos zu begehen ist, und man nicht die falsche Richtung einschlägt – automatisch zum Ziel.

Praxistipps:
• Höhenmesser auf Tour immer an bekannten Punkten anhand der Karte der richtigen Höhe anpassen (z. B. beim Einstieg in eine Eiswand an der Randkluft bzw. am Bergschrund oder an einer Hütte).
• Die temperaturbedingte Änderung des Luftdrucks berücksichtigen: morgens plus und abends minus 1–2 hPa.

GPS

Das GPS (Global Positioning System) ist ein elektronisches Orientierungssystem, das durch das Empfangen von Satellitensignalen den eigenen Standort bestimmen kann. Es funktioniert unabhängig von Tageszeit, Temperatur oder Wetterlage. Lediglich im Bereich von Felswänden oder tief eingeschnittenen Tälern können nicht immer genügend Signale empfangen werden. Die Entwicklung der letzten Jahre brachte leichtere und günstigere Geräte auf den Markt. Die Daten sind Koordinaten in Längen- und Breitengraden, die in die Karte übertragen werden müssen. Moderne Geräte verfügen über Systeme, die kein Koordinatensystem mehr erforderlich machen.

Praxistipp:
• Empfehlenswert sind Kombigeräte, die Kompass und Höhenmesser integriert haben und ein digitales Richtungsweisungssystem mit Pfeilen im Display aufweisen.

Orientierung im Gelände

Solange man sich über den eigenen Standort und den weiteren Wegverlauf ständig im Klaren ist, steht einem problemlosen Tourenablauf nichts im Weg. Treten Orientierungsprobleme auf, können die folgenden Orientierungsmethoden angewendet werden.

Einnorden der Karte mit Kompass

Am Kompass wird der Nordpfeil der Windrose mit der Ablesemarke zur Übereinstimmung gebracht. Dann legt man die Anlegekante des Kompassgehäuses parallel an den Kartenbildrand an. Der Richtungspfeil zeigt nach oben. Jetzt muss die Karte zeitgleich mit dem Kompass solange gedreht werden, bis die Magnetnadel-Nordspitze deckungsgleich mit dem Nordpfeil ist. Die Himmelsrichtungen auf der Karte stimmen nun mit denen in der Natur genau überein.

Vergleich von Gelände und Karte

Der Vergleich des Geländes mit der Karte ist die am häufigsten praktizierte Orientierungsmaßnahme. Dabei versucht man entweder, aus dem Kartenbild eine räumliche Vorstellung des Geländes zu entwickeln oder eine Geländeform und -beschaffenheit in das Kartenbild umzudenken. Die Karte muss dabei richtungs- und deckungsgleich zum Gelände gehalten werden.

Praxistipp:
● Mit einer geschulten Sichtweise können grobe Orientierungsfehler vermieden werden. Es lohnt sich, zu Übungszwecken immer wieder einen Blick in die Karte zu werfen und dann das Gelände mit ihr zu vergleichen.

Standortbestimmung durch Vergleich von Gelände und Karte

➤ Einnorden der Karte.
➤ Bestimmen von zwei markanten Geländepunkten, die in Blickrichtung liegen. Von diesen Punkten werden in der Karte gedachte Linien zum Betrachter rückwärts gezogen.
➤ Die Schnittstelle dieser beiden gedachten Linien, welche ungefähr im 90-Grad-Winkel aufeinander treffen sollten, ist der eigene Standort. Das Ergebnis eventuell durch das Abschätzen der Entfernung der zwei bekannten Punkte zum bestimmten Standort verifizieren.

Bestimmen unbekannter Geländepunkte durch Vorwärtseinschneiden mit Kompass

Beim »Vorwärtseinschneiden« soll ein unbekannter Geländepunkt bestimmt werden. Dies kann zum Beispiel erforderlich sein, wenn ein Gipfel bestimmt werden soll oder wenn man bei eng nebeneinander liegenden Scharten auf Anhieb die richtige besteigen möchte. Der eigene Standpunkt muss beim Vorwärtseinschneiden bekannt sein.
➤ Kompass mit ausgestreckten Armen waagrecht in Höhe der Augen halten. Über die Visierlinie den unbekannten Geländepunkt anpeilen.
➤ Windrose so lange drehen, bis sich die Nordspitze der Magnetnadel mit

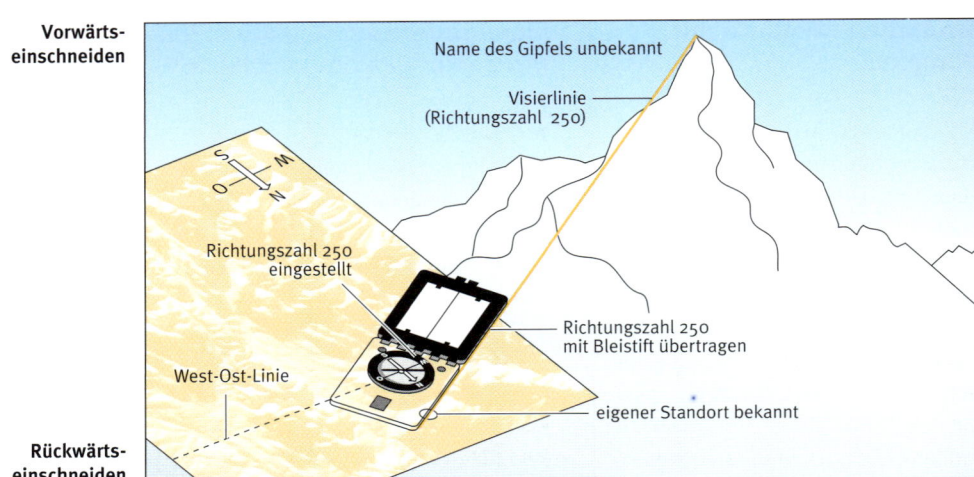

Vorwärts-
einschneiden

Name des Gipfels unbekannt

Visierlinie
(Richtungszahl 250)

Richtungszahl 250
eingestellt

Richtungszahl 250
mit Bleistift übertragen

West-Ost-Linie

eigener Standort bekannt

Rückwärts-
einschneiden

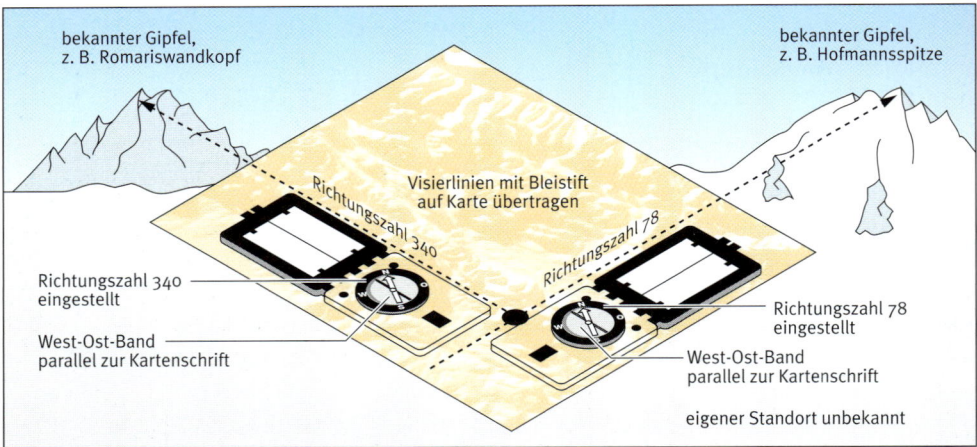

bekannter Gipfel,
z. B. Romariswandkopf

bekannter Gipfel,
z. B. Hofmannsspitze

Visierlinien mit Bleistift
auf Karte übertragen

Richtungszahl 340

Richtungszahl 78

Richtungszahl 340
eingestellt

Richtungszahl 78
eingestellt

West-Ost-Band
parallel zur Kartenschrift

West-Ost-Band
parallel zur Kartenschrift

eigener Standort unbekannt

dem Nordpfeil der Windrose deckt.
Dies kann über den Spiegel verfolgt
werden.

➤ Kompass so auf die flach liegende
Karte legen, dass das hintere Ende der
Anlegekante genau am Standort ist.

➤ Kompass so lange um den Standort
auf der Karte drehen, bis die Nordmarke

der Windrose mit der Nordrichtung der
Karte übereinstimmt.

➤ Auf der Linie der Anlegekante befindet sich der gesuchte Punkt, der durch
das Abschätzen der Entfernung und der
Höhenlage noch genauer geortet werden kann. Diesen Vorgang in der Praxis
immer wieder üben.

Bestimmen des Standortes durch Rückwärtseinschneiden mit Kompass

Ist der eigene Standort unbekannt – z. B. auf einem großflächigen Gletscherplateau –, die Umgebung aber sichtbar – z. B. zwei Gipfel, die das Gletscherfeld einrahmen –, kann das »Rückwärts einschneiden« angewendet werden.
➤ Anpeilen von zwei bekannten Geländepunkten, die sich auf der Karte befinden.
➤ Diese Punkte sollten so liegen, dass sich ihre Richtungslinien beim Bergsteiger in einem Winkel von 90 Grad treffen.
➤ Die Richtungslinien werden mit einem Stift in die Karte eintragen. Der Schnittpunkt ist der Standort.

➤ Wichtig: Der Richtungspfeil muss beim Anlegen an die bekannten Punkte in der Karte in genauer Richtung zur Peilrichtung zeigen.

Bestimmen der Marschrichtung

Ist der eigene Standort bekannt, aber die Wegrichtung im Gelände nicht ersichtlich, kann nach Richtungszahlen gegangen werden. Hierzu legt man den Kompass so auf die Karte, dass die Anlegekante und der Richtungspfeil vom bekannten Standort genau auf das Ziel weisen. Nun wird die Windrose so gedreht, dass die Nordmarke mit der Nordrichtung der Karte übereinstimmt. An der Ablesemarke kann dann die Richtungs- oder Marschzahl

Auch bei schönem Wetter nicht einfach – Wegfindung am Gletscher

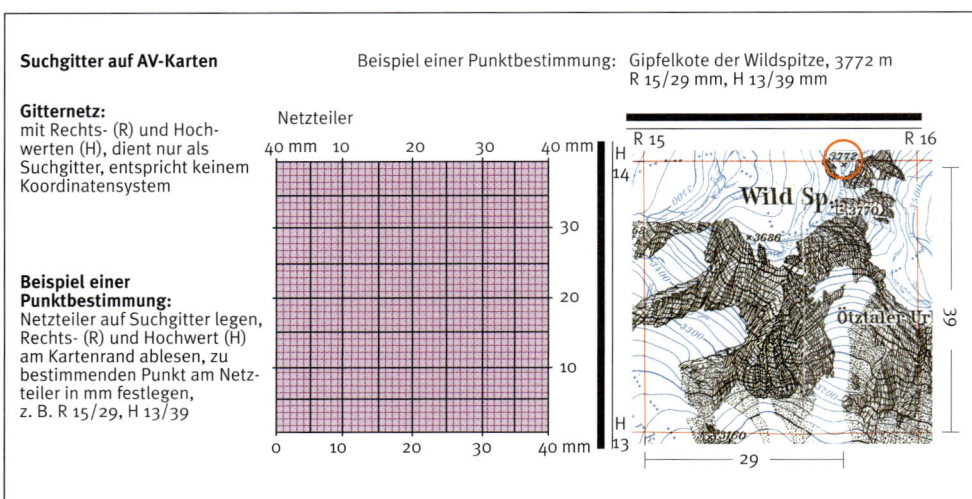

Suchgitter auf AV-Karten Beispiel einer Punktbestimmung: Gipfelkote der Wildspitze, 3772 m
R 15/29 mm, H 13/39 mm

Gitternetz:
mit Rechts- (R) und Hoch-
werten (H), dient nur als
Suchgitter, entspricht keinem
Koordinatensystem

Netzteiler

**Beispiel einer
Punktbestimmung:**
Netzteiler auf Suchgitter legen,
Rechts- (R) und Hochwert (H)
am Kartenrand ablesen, zu
bestimmenden Punkt am Netzteiler in mm festlegen,
z. B. R 15/29, H 13/39

Suchgitter auf AV-Karten

abgelesen werden. Jetzt hält man den Kompass waagrecht vor dem Körper und dreht sich so lange, bis die Magnetnadel mit der Nordmarke übereinstimmt. In dieser Richtung sucht man sich ein erreichbares Ziel und legt die Anstiegsspur an. Hat man das Ziel erreicht, wiederholt sich der Vorgang. So erreicht man nach und nach das gewünschte Ziel.

Koordinatenbestimmung mit Suchgitter

Zur punktgenauen Bestimmung eines bekannten Ortes auf einer topografischen Karte – z. B. im Falle einer Bergrettung oder bei einer Eingabe in ein GPS-Gerät – ist auf den gebräuchlichsten Bergsteigerkarten (z. B. AV-Karten, Schweizer Landeskarten) ein Linien-

system abgedruckt. Diese Linien verlaufen in Nord-Süd- bzw. West-Ost-Richtung und bilden bei Karten im Maßstab 1:25.000 Quadrate mit einer Seitenlinie von 1 km in der Natur und 4 cm in der Karte. Anhand des auf der Schutzhülle der AV-Karten abgedruckten Netzteilers kann beispielsweise ein Punkt im roten Kilometergitter millimetergenau angegeben werden. Die Koordinate besteht jeweils aus einem Rechtswert (z. B. R 15/29) und einem Hochwert (z. B. H 13/39). Dieser angegebene Punkt bezeichnet hier genau den höchsten Punkt der 3772 Meter hohen Wildspitze auf der AV-Karte Nr. 30/2.
Andere Karten enthalten teilweise die Längen- und Breitengrade der Kugelgestalt der Erde. Hier wird auf Gitterlinien verzichtet, die Koordinaten sind dann am Kartenrand aufgeführt.

TRAINING

Auch die schönste Hochtour macht nur Spaß, wenn man körperlich fit ist. Erschöpfung und Ermüdung mindern den Erlebniswert und stellen zudem ein unnötiges Risiko dar. Um dieses Risiko zu mindern, aber auch weil ein regelmäßiges sportliches Training für die Gesundheit im Allgemeinen unabdingbar ist, sollten sich Hochtourengeher auf ihre bergsportlichen Herausforderungen konditionell vorbereiten. Wenn man sich vorstellt, dass allein beim Gehen in der Ebene pro Stunde ungefähr 200 Kalorien verbraucht werden, dann ist es nur logisch, dass dem natürlichen Leistungsabfall ein trainierter Körper entgegen-

gesetzt werden muss. Die beste Möglichkeit, um den Körper in eine optimale Verfassung zu bringen, stellt ein planmäßiges Training dar. Hier können alle Faktoren, die die Leistungsfähigkeit beeinflussen, gestärkt werden.

Faktoren der Leistungsfähigkeit beim Hochtourengehen

Persönlichkeitsmerkmale

In diesem Bereich sind beim Hochtourengehen vor allem Durchhaltevermögen und lang anhaltende Konzentration gefordert. Wichtig ist es auch, in kritischen Situationen den Überblick zu behalten und bei sich laufend ändernden Umweltbedingungen die richtigen Entscheidungen zu treffen. Als Übung dazu kann man sich bereits bei der Planung der Tour und auch immer wieder einmal unterwegs einige kritische Situationen ausmalen und überlegen, wie man reagieren würde.

Situative Rahmenbedingungen

Die momentanen Routenverhältnisse, die Witterung und die persönliche Tagesform sind während der Tour nicht beeinflussbar, haben aber erheblichen Einfluss auf die körperliche Leistung. Auch die zur Verfügung stehende Ausrüstung

Training durch Berglauf

kann ein Leistungsbegrenzender Faktor sein. Hier gilt es flexibel zu reagieren und Alternativrouten oder eine Umkehr in Betracht zu ziehen. Die Unsicherheitsbandbreite kann bereits im Vorfeld durch umfassende Informationsbeschaffung über Wetter, Wegbeschaffenheit etc. sowie durch kritische Überprüfung der Ausrüstung und des eigenen körperlichen Zustandes eingeschränkt werden.

Taktik

Taktik ist die planmäßige, aber auch spontane Anwendung von praktischem Können (z. B. Sicherungs- und Steigeisentechniken) und theoretischem Wissen (z. B. Tourenplanung, Orientierung). Die Taktik beginnt bei der Planung der Tour (siehe 3 x 3-Filtermethode der Tourenplanung), geht weiter mit der Kontrolle aller Faktoren während der Tour (Ist alles so wie geplant? Trifft man auf unerwartete Situationen? Was muss anders als geplant gemacht werden?) und endet mit dem Reflektieren nach der Tour (Was ist schief gelaufen? Was hätte man anders machen müssen?).

Bewegungs- und Sicherungstechnik

Das Bewegungsrepertoire auf Hochtouren umfasst Aufstieg und Abstieg mittels Gehen und Steigen, kann aber auch das Bewältigen von Kletterstellen in Fels und Eis betreffen. Beim Durchsteigen von Firnflanken und Eiswänden muss zudem die richtige Sicherungstechnik angewendet werden. Außerdem müssen Bergrettungsverfahren wie die Spaltenbergung beherrscht werden. Ständiges Üben der Techniken ist das beste Training. Zum Beispiel Geh- und Steigtechniken kann man in ungefährlichem Gelände selbst üben, sämtliche Sicherungs- und Rettungstechniken sollte man jedoch von einem erfahrenen Bergkameraden oder in einem Ausbildungskurs lernen.

Kondition

Die persönliche Kondition (Kraft, Ausdauer, Beweglichkeit) ist die leistungsbestimmende Größe, welche der Hochtourengeher am unmittelbarsten erfährt. Da sich der körperliche Leistungszustand auf die

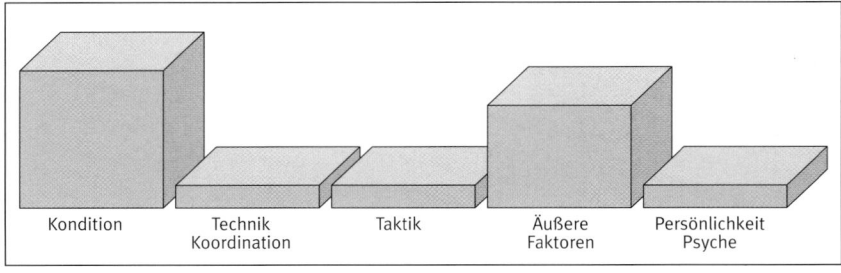

Gewichtung der Faktoren für die sportliche Leistung bei Hochtouren und Gletschertouren (nach Chr. Semmel)

Kondition | Technik Koordination | Taktik | Äußere Faktoren | Persönlichkeit Psyche meisten der genannten Leistungsfaktoren auswirkt, ist die körperliche Fitness als eine entscheidende Grundlage für das Gelingen einer Hochtour anzusehen.

Trainingsgrundlagen

Konditionstraining ist die planmäßige Erhöhung oder Erhaltung der körperlichen Leistungsfähigkeit. Um als Hochtourengeher aus den vielfältigen Trainingsmöglichkeiten (z.B. Dauerlauf, Zirkeltraining) das Passende auswählen und kombinieren zu können und ein Training selbst zu gestalten, müssen allgemeine Grundlagen des Konditionstrainings beachtet werden.

Planung

Die Planung des Trainings wird von der Verfassung und den Zielen des Trainierenden bestimmt. Die Verfassung lässt sich mit Hilfe von sportmedizinischen Untersuchungen und Tests feststellen. Hier ist neben einer allgemeinen und speziellen Anamnese vor allem die Ausdauerleistungsfähigkeit anhand der Parameter Pulsfrequenz und maximale Sauerstoffaufnahme von Bedeutung. Die Trainingsziele des Hochtourengehers richten sich im Wesentlichen an folgenden Anforderungsprofilen aus:

Einmalige Hochtourenwoche
➤ Anstrengung in großen Höhen von 3000 bis 5000 Meter,

➤ 5 bis 6 Tage Belastung in Folge,
➤ tägliche Bewegungszeit 6 bis 12 Stunden und mehr,
➤ eingeschränkte Erholungsmöglichkeiten bei Hütten- oder Zeltlagerübernachtungen,
➤ unvollständige Ernährung.

Mehrwöchiger Bergsteigerurlaub/ Trekking/Expedition
➤ Einzelne oder zusammenhängende Tourentage wechseln sich mit Ruhetagen ab,
➤ tägliche Bewegungszeit 6 bis 12 Stunden und mehr,
➤ eingeschränkte Erholungsmöglichkeit bei Hütten- oder Zeltübernachtungen,
➤ vollständige Erholung im Tal möglich, bei Expeditionen im Basislager eingeschränkt,
➤ bei Auslandsaufenthalten ist eine Ernährungsumstellung unvermeidbar.

Lange Hochtourensaison mit Wochenendtouren
➤ Feststehender Rhythmus mit zwei intensiven Bewegungstagen und fünf Pausen- bzw. Trainingstagen,
➤ tägliche Bewegungszeit 6 bis 12 Stunden,
➤ eingeschränkte Erholungsmöglichkeiten bei Hüttenübernachtungen,
➤ vollständige Erholung und optimale Ernährung im Tal möglich.

Sind diese Ausübungsformen und weitere Bestimmungsgrößen (z.B. Höhen-

Eingipflige Jahresperiodisierung mit idealisierter Leistungsfähigkeitskurve

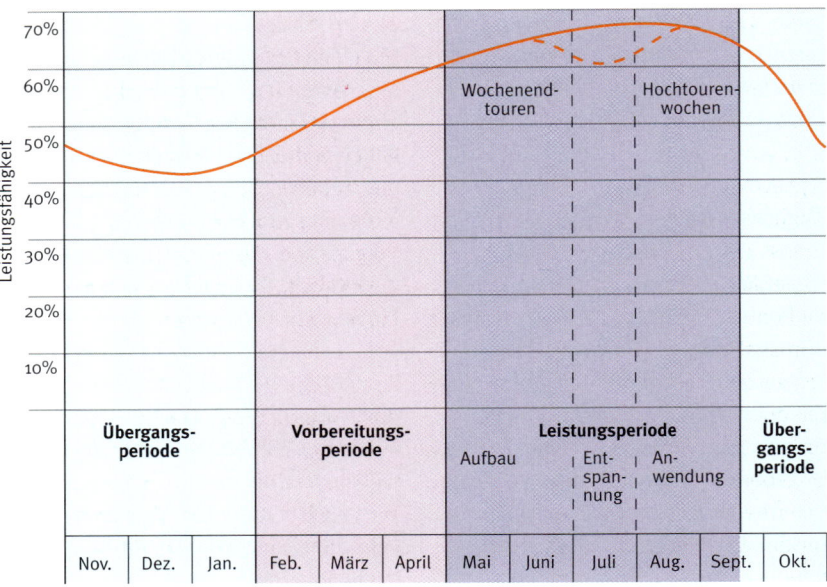

Zweigipflige Jahresperiodisierung mit idealisierter Leistungsfähigkeitskurve

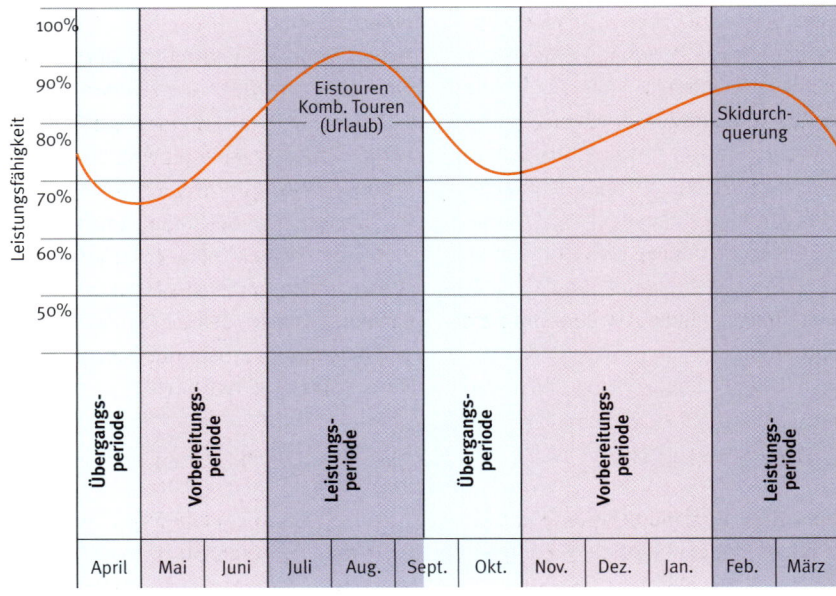

unterschiede je Tag, Rucksackgewicht, durchschnittliches Bewegungstempo bzw. Durchschnittspuls) bekannt, dann müssen die vorhandene Trainingszeit (z. B. vor der Arbeit, in der Mittagspause, nach der Arbeit) und die Trainingsmöglichkeiten (z. B. zu Hause, im Verein) erfasst werden. Daraus ergibt sich schließlich eine Trainingsplanung, die zur Kontrolle und Motivation in einen Jahreskalender eingetragen wird.
Das ganze (Trainings-)Jahr kann in eine ein- oder zweiteilige Vorbereitungsperiode (z. B. Februar bis Juni), eine Leistungsperiode (z. B. Juli bis Oktober) und eine Übergangsperiode (z. B. November bis Januar) eingeteilt werden. Selbstverständlich kann auch in zweigipfeligen Modellen geplant werden (z. B. eine Skitourensaison als zweite Leistungsperiode). Diese Perioden lassen sich weiter unterteilen in:
➤ Makrozyklus: Zeitraum von 4 bis 6 Wochen
➤ Mikrozyklus: Zeitraum von 7 bis 10 Tagen
➤ Tageszyklus: 1 bis 3 Trainingseinheiten
➤ Trainingseinheit: Zeitraum von 1 bis 5 Stunden.

Allgemeine Trainingsprinzipien

Damit sich die Kondition stetig und im richtigen Maße erhöht, müssen folgende Prinzipien berücksichtigt werden:

Ansteigende Belastung

Um einen Leistungszuwachs zu erzielen, müssen Umfang und Intensität des Trainings laufend gesteigert werden. Hier gilt es, anfangs mit niedriger Intensität und hohen Umfängen zu trainieren. Je mehr man zum Ende einer Vorbereitungsperiode kommt, desto höher kann die Intensität sein, wobei sich die Umfänge wieder reduzieren.

Kontinuierliche Belastung

Um den Leistungszuwachs zu sichern, muss regelmäßig trainiert werden. Die tägliche Trainingseinheit wird bei den meisten Berufstätigen nicht umsetzbar sein, aber dreimal in der Woche gilt als Minimum.

Abwechselnde Belastung

Die Effektivität des Trainings wird positiv beeinflusst, wenn abwechslungsreich trainiert wird. Die Methoden und Hilfsmittel sollten gewechselt werden. Völlig neue Bewegungsformen können in der Übergangsperiode oder zu Beginn der Vorbereitungsperiode angewendet werden. Je näher man an die Hochtourensaison herankommt, desto mehr eignen sich bewegungsverwandte Sportarten wie z. B. Jogging, Walking.

Die biologische Anpassung

Im Anschluss an ein Training, in welchem der Organismus eine bestimmte Energiemenge verloren hat, befindet sich der Körper in der Erholungsphase. Während dieser Zeit werden die Energiespeicher wieder aufgefüllt. Um einer erneuten Belastung besser zu widerstehen, werden die Reserven über das letztmalige Ausgangsniveau hinaus angepasst. Diesen vereinfacht dargestellten Vorgang nennt man Superkompensation. Werden weitere Trainingsreize zum richtigen Zeitpunkt gesetzt, kommt es zu einer stufenartigen, zeitlich gestaffelten Zunahme der Leistungsfähigkeit, da sich die verschiedenen »Leistungssysteme« des Körpers (z.B. Hormone, Enzyme, Kohlenhydratspeicher) unterschiedlich schnell anpassen.

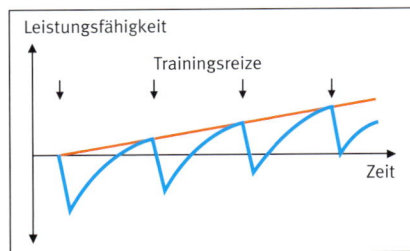

Verbesserung der Leistung durch optimal gesetzte Trainingsreize — Leistungsfähigkeit / Trainingsreize / Zeit

Belastungskomponenten

Die Wirksamkeit des Trainings hängt von der Wahl und der gezielten Veränderung der Belastungskomponenten ab.

Belastungsintensität:
Stärke des einzelnen Trainingsreizes in Prozent der Maximalleistung (z.B. Aufstiegstempo oder maximale Klimmzugzahl), für die Ausdauer ablesbar an der Pulsfrequenz mit einem Pulsmesser, bei Kraftleistungen ist die Wiederholungszahl oder Haltezeit ausschlaggebend.

Belastungsdauer:
Zeit, während der ein Trainingsreiz auf den Organismus einwirkt (z.B. 1 Stunde Aufstieg ohne Pause).

Belastungsdichte:
Zeit zwischen den Trainingsreizen (z.B. 15 Minuten schneller Aufstieg – 5 Minuten Pause).

Belastungsumfang:
Menge der Reize in einer Trainingseinheit (Gesamtwiederholungen oder Serien, z.B. 8 Aufstiegseinheiten zu je 50 Höhenmeter oder zu je 2 Minuten).

Trainingshäufigkeit:
Zahl der Trainingseinheiten pro Woche (z.B. samstags Tour, sonntags Tour, mittwochs Zirkeltraining).

Aufwärmen

Am Beginn jeder Sportausübung sollte ein Aufwärmen durchgeführt werden. Es dient zur:
➤ Verletzungsprophylaxe für den Muskel- , Sehnen- und Bandapparat,
➤ verbesserten Ausschöpfung der konditionellen Fähigkeiten,
➤ Erhöhung der psychischen Leistungsbereitschaft.
Beim Hochtourengehen ist eine spezielle Übungsgymnastik vor Beginn einer

Tour nicht unbedingt notwendig, die ersten 100 Höhenmeter sollten jedoch als Aufwärmphase betrachtet werden, in welcher das Tempo ermittelt, auf bewusste Atmung geachtet und die Tagesform erfühlt wird.

Das Aufwärmen für alle anderen Trainingsformen zu Hause sollte mit 5 bis 15 Minuten veranschlagt werden. Folgende Vorgehensweise hat sich in der Praxis bewährt:

➤ Anregung der Herz-Kreislauf-Tätigkeit und Atmung durch eine 5- bis 10-minütige leichte Ganzkörperbelastung wie z. B. Laufen oder Ballspielen.

➤ Gezielte Vorbereitung des Muskel-, Sehnen- und Bandapparates durch gymnastische Übungen und Dehnen.

Training der konditionellen Fähigkeiten

Im Folgenden wird die Trainingsweise der konditionellen Anforderungen Ausdauer und Kraft aufgezeigt. Alle Hinweise zu den Herzfrequenzwerten sind nur Allgemein- bzw. Durchschnittswerte.

Ausdauertraining

Als Ausdauer wird die Widerstandsfähigkeit gegen Ermüdung, die Ermüdungstoleranz und die Regenerationsfähigkeit nach einer Belastung bezeichnet. Innerhalb der Ausdauer gibt es unterschiedliche Typen, wobei das Hochtourengehen in den Bereich der so genannten Langzeitausdauer fällt, wenn von einer minimalen Tourenzeit von 4 Stunden ausgegangen wird. Als Vorraussetzung für diese Leistung ist eine optimale Grundlagenausdauer anzusehen, auf welcher ein spezielles Langzeitausdauertraining aufgebaut werden kann.

Training der Grundlagenausdauer

Die Grundlagenausdauer ist die Basis für das Training aller konditionellen Fähigkeiten und kann durch folgende Methoden trainiert werden:

Extensive Dauermethode

Diese Methode ist die bekannteste und beliebteste und bezeichnet eine Bewegung ohne Unterbrechung bei gleichem Tempo, wobei man sich noch unterhal-

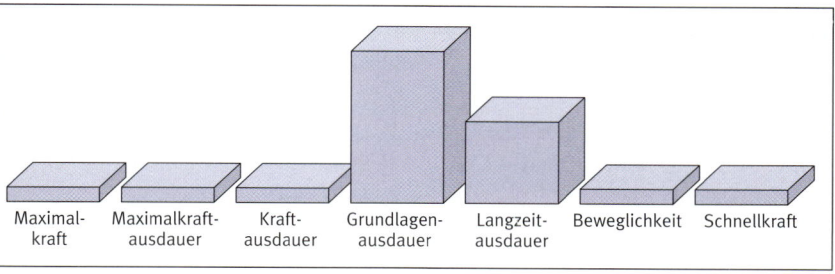

Maximal-kraft · Maximalkraft-ausdauer · Kraft-ausdauer · Grundlagen-ausdauer · Langzeit-ausdauer · Beweglichkeit · Schnellkraft

Gewichtung der leistungsbestimmenden konditionellen Fähigkeiten bei Hochtouren und Gletschertouren (nach Chr. Semmel)

ten kann. Die Sauerstoffaufnahme und der Sauerstoffverbrauch befinden sich im Gleichgewicht.
➤ Belastungsintensität: Anstrengungsgefühl leicht bis mittel, Herzfrequenz 110 bis 130 Pulsschläge pro Minute bei Untrainierten, bis 145 bei Trainierten.
➤ Belastungsdauer: 30 bis 120 Minuten je nach Sportart.
➤ Trainingshäufigkeit: 1- bis 3-mal pro Woche.
➤ Trainingsformen: Dauerlauf, Rad fahren, Walking, Nordic Walking, Skilanglauf, Tourenskilauf.
➤ Varianten: Fahrtspiel = unrhythmischer Wechsel der Belastungsintensitäten, hervorgerufen durch das Gelände (z. B. Lauf durch eine Hügellandschaft).

Training der Langzeitausdauer

Ein digitaler Höhen-messer von Ciclo

Die spezielle Langzeitausdauer beim Hochtourengehen (beginnt ab ca. eineinhalb Stunden) ist durch die fast ausschließliche aerobe, also sauerstoffgebundene Energiebereitstellung mit relativ hohem Fettstoffwechsel und Eiweißabbau gekennzeichnet. Zur Leistungserhaltung während des Trainings oder Wettkampfes ist eine Zufuhr von Elektrolyten, Wasser und Kohlenhydraten notwendig.
Diese Dauerleistungsfähigkeit stellt hohe Ansprüche an das Binde- und Stützgewebe. Sinnvoll ist deshalb die Auswahl gelenkschonender Bewegungsformen wie Rad fahren, Skilanglauf etc.

Intensive Dauermethode

Anstrengende Trainingsmethode zur Erweiterung der aeroben Kapazität.
➤ Belastungsintensität: Anstrengungsgefühl mittel bis submaximal, Herzfrequenz 140 bis 160 Pulsschläge pro Minute bei Untrainierten, 150 bis 180 bei Trainierten.
➤ Belastungsdauer: 20 bis 180 Minuten.
➤ Trainingshäufigkeit: 1- bis 2-mal pro Woche.
➤ Trainingsformen: Rad fahren, Skilanglauf, Tourenskilauf, Walking, Nordic Walking (lange Trainingseinheit) und Laufen (kurze Trainingseinheit).

Variable Dauermethode

Es handelt sich hier um eine Methode, die durch einen permanenten Belastungswechsel gekennzeichnet ist. Wie auf einer Hochtour ändert sich die Herzfrequenz aufgrund verschiedener Geländeneigungen oder Tempowechsel ständig.
➤ Belastungsintensität: Anstrengungsgefühl einfach bis submaximal, Wechsel zwischen Belastungen im Sauerstoffgleichgewicht und im Sauerstoffdefizit.
➤ Herzfrequenz 130 bis 170 (Untrainierte), 140 bis 180 (Trainierte).
➤ Belastungsdauer: 30 bis 60 Minuten.
➤ Trainingshäufigkeit: 1- bis 2-mal pro Woche.
➤ Trainingsformen: Rad fahren und Laufen durch Hügellandschaft.

Hinweise zur Gestaltung des Ausdauertrainings:

❚ Beim Hochtourengehen ergibt sich vorrangig eine muskuläre Ausdauerbeanspruchung der Oberschenkelmuskeln, Unterschenkelmuskeln und der Gesäß- und Hüftbeugemuskeln sowie der Oberarmmuskeln. Es ist sinnvoll, so zu trainieren, dass hauptsächlich diese Muskelgruppen zum Einsatz kommen. Im Sinne eines ausgewogenen Trainings sollten aber auch regelmäßig die Gegenspieler dieser Muskulatur trainiert werden, um muskuläre Ungleichgewichte zu vermeiden.

❚ Die Herzfrequenz – also die Pulsschläge pro Minute – ist ein entscheidender Messfaktor. Das manuelle Pulsmessen an Halsschlagader oder Handgelenk ist eine Möglichkeit zur Bestimmung der Herzfrequenz in Ruhe (Vorgehensweise: Pulsschläge in 15 Sekunden zählen und mit 4 multiplizieren = Herzfrequenz pro Minute). Der Ruhepuls beträgt 60 bis 80 Schläge pro Minute bei Untrainierten, 40 bis 60 Schläge bei Trainierten. Dies sollte am besten morgens vor dem Aufstehen in nüchternem Zustand erfol-

gen und wird protokolliert. Erhöhte Werte sprechen für eine noch nicht abgeschlossene Regeneration oder für einen Infekt.

❚ Im Training selbst sollten elektronische Pulsmessgeräte verwendet werden, die auch während der Belastung problemlos abgelesen werden können. Mit einem akustischen Warnsignal lassen sich beispielsweise die Pulsobergrenzen der Trainingsmethoden einstellen. Auch das Pulsmessen nach dem Training ist zur Kontrolle interessant. Nach einer Belastung sollte der Puls nach 5 Minuten auf einen Wert von 100 Pulsschlägen pro Minute hintergegangen sein. Zu beachten ist, dass alle angegebenen Pulswerte nicht als exakte Werte für jedermann gelten, sondern nur Anhaltswerte sind. Zu stark sind die alters- und trainingsbedingten Unterschiede.

Abnahme der maximalen Herzfrequenz mit der Zunahme des Lebensalters

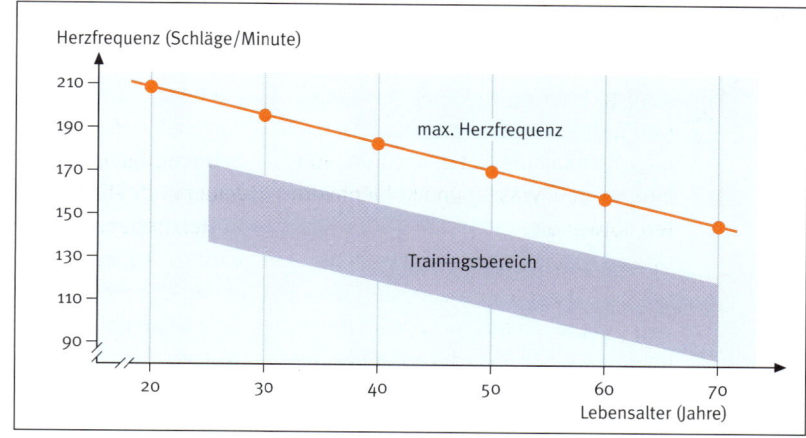

Übungen für
die Kräfti-
gung der
Rumpf-
muskulatur

Krafttraining

Kraft ist die Fähigkeit der Muskulatur,
durch Spannung Widerstände zu überwinden, zu halten oder ihnen bewusst
nachzugeben. Kraftausdauer ist die
Fähigkeit, eine Kraftleistung über eine
möglichst lange Dauer zu erbringen.
Beim Hochtourengehen kommt es vor
allem beim Aufstieg bzw. Klettern zu
einer starken Beanspruchung der
Kraftausdauer der Oberschenkel- und
Oberarmmuskulatur durch statisch hal-
tende Muskelarbeit bei ruhenden Klet-
terstellungen sowie durch dynamisch
bewegende Muskelarbeit in der Bewegung, z. B. beim ständigen Hochheben
der Eisgeräte beim Eisklettern.

Training der Kraftausdauer

Das Training der Kraftausdauer zielt
darauf ab, die Übersäuerung der Muskulatur durch Abfallstoffe bei der Energie-
lieferung hinauszuzögern, also das
Ertragen der so genannten Milchsäure-
konzentration während der Muskelarbeit zu steigern.

Dynamisch-extensive Intervallmethode

Ideale Methode für Hallen- oder Trimm-
dich-Pfad-Training

➤ Belastungsintensität: Anstrengungsgefühl submaximal.

➤ Belastungsdauer: 1 bis 1,5 Minuten.

➤ Belastungsdichte: Pausenlänge
90 Sekunden (Herzfrequenz am Pausen-
ende 120).

➤ Belastungsumfang: 15 bis 30 Wieder-
holungen (4 bis 6 Serien).

Regenerationszeiten

Um den gewünschten biologischen
Superkompensationseffekt zu erreichen, ist nicht nur die richtige Belastung, sondern auch die Einhaltung von
Erholungs- und Regenerationszeiten
wichtig. Das Grundlagenausdauertrai-
ning, in welchem extensiv trainiert
wird, ist nahezu täglich möglich. Allerdings ist der Bindegewebs- und Stütz-
apparat des Normalsportlers auf eine
tägliche Sportbelastung nicht von
heute auf morgen eingestellt. Das
Training mit intensiven Belastungen

bewirkt eine vertiefte Ausschöpfung der Glykogenspeicher, die erst nach 36 bis 48 Stunden wieder vollständig aufgefüllt sind. Daraus resultiert ein maximal 2- bis 3-maliges Training pro Woche.

Beim Kraftausdauertraining ergeben sich ein Milchsäureanfall und hohe lokale Übersäuerungen, die erst nach 48 bis 72 Stunden beseitigt sind. Daraus ergeben sich maximal 1 bis 2 Trainingseinheiten pro Woche.

Werden die oben genannten Regenerationszeiten eingehalten, kann im Bereich der Grundlagenausdauer nach 15 bis 18 Trainingseinheiten (TE) mit optimaler Auslastung (3 TE pro Woche) eine erste Verbesserung der aeroben Leistungsfähigkeit eintreten. Die Kraftausdauer kann sich nach 25 TE um ca. 20 bis 25 % steigern.

Ideal und abwechslungsreich – Trimm-dich-Pfade

Praxistipp:
• Der Hochtourengeher, der nur am Wochenende unterwegs ist (z. B. samstags Hüttenaufstieg plus kleiner Hüttengipfel, sonntags lange Hochtour und Hüttenabstieg), sollte als Minimalprogramm einmal pro Woche, am besten mittwochs, ein kombiniertes Kraft- und Ausdauertraining absolvieren. Alternativ dazu bietet sich das zweimalige Trainieren an (z. B. dienstag und donnerstags).

Wochenplan für »Hochtouren«		Mo	Di	Mi	DO	Fr	Sa	So
ohne Wochenendtour	Grundlagenausdauer		variable Dauermethode 60 Min.		extensive Dauermethode 30 Min.		intensive Dauermethode 45 Min.	
	Mittelzeitausdauer (Kraftausdauer)	extensive Intervallmethode			extensive Intervallmethode			
mit Wochenendtour	Grundlagenausdauer		variable Dauermethode 45–60 Min.		extensive Dauermethode 60 Min.		Wochenendtour	
	Mittelzeitausdauer			extensive Intervallmethode				

ANHANG

Telefonnummern und Internetadressen

Alpine Vereine

Deutscher Alpenverein (DAV),
Alpine Auskunft 0049/89/294940,
www.alpenverein.de

Österreichischer Alpenverein (OEAV),
Alpine Auskunft 0043/512/5320175,
www.alpenverein.at

Alpenverein Südtirol (AVS),
Alpine Auskunft 0039/0471/993809,
www.alpenverein.it

Schweizer Alpen-Club (SAC),
Alpine Auskunft 0041/31/3701818,
www.sac-cas.ch

Wetterbericht Telefon

Alpenvereinswetterbericht (gesamter
Alpenraum), 0049/89/295070

Persönliche Beratungsstelle in Inns-
bruck (Mo. bis Sa. 13 bis 18 Uhr)
0043/512/291600

Schweiz 0041/1162

Bayerische Alpen (nur aus Deutschland
erreichbar) 0190/116019

Ostalpen (nur aus Deutschland erreichbar) 0190/116018

Schweizer Alpen (nur aus Deutschland
erreichbar) 0190/116017

Gardaseeberge (nur aus Deutschland
erreichbar) 0190/116016

Wetterbericht Internet

Alpenvereinswetterbericht:
www.alpenverein.de/wetter
Wetterbericht des Deutschen Alpen-
vereins

Alpenwetter:
www.alpenwetter.com
Wetterbericht für den Ostalpenraum
Tirol – Salzburg – Südtirol – Veneto

Deutscher Wetterdienst:
www.dwd.de
umfangreicher Wetterdienst für
Deutschland (Satellitenbilder, Reise-
wetter)

Meteo Schweiz:
www.meteoschweiz.ch/de
Wetterbericht für die Schweiz

Meteo France:
www.meteo.fr
Wetterbericht für alle Regionen Frank-
reichs (in französischer Sprache)

Tourentipps und Routenchats:

Deutschland:
www.bergsteiger.de
www.tourentipp.de

Österreich:
www.bergsteigen.at
www.gipfelbuch.at

Schweiz:
www.basislager.ch

Sonstige:
www.alpin-koordinaten.de
www.expeditionsbergsteigen.com

Notrufnummern in den Alpen

Europäische Notrufnummer 112
Diese Nummer ist in Deutschland auch im Festnetz, außerhalb Deutschlands nur über Mobiltelefon (Handy) verwendbar. Man wird automatisch zu den landesüblichen Notrufnummern weitergeleitet.

Notrufnummern, auch von stationären Telefonen aus:
Deutschland, bundesweit 112
Rettungsleitstellen in Bayern (aus dem Festnetz ohne Vorwahl) 19222

Österreich
Notruf-Bergrettung 140

Italien
Bergrettung Südtirol 118

Schweiz
Zuständiges kantonales Polizeikommando 117

Alarmnummer der REGA,
ganze Schweiz ohne Vorwahl 1414

aus dem Ausland bzw. mit einem
ausländischen Handy 0041/333333333

Sanitätsnotruf 144

Frankreich
Polizei 17

Notruf 18

Bergrettung Chamonix 0450/531699

Diese Liste ist nicht vollständig. Für die Richtigkeit der Nummern kann keine Gewähr übernommen werden.

Literatur

DAV: *Alpin-Lehrplan Band 1 Bergwandern – Trekking* (Schrag K.), München 2001, BLV Verlag

DAV: *Alpin-Lehrplan Band 2 Felsklettern – Sportklettern* (Hoffmann M./Pohl W.), München 2001, BLV Verlag

DAV: *Alpin-Lehrplan Band 3 Hochtouren – Eisklettern* (Geyer P./Dick A.), München 2001, BLV Verlag

DAV: *Alpin-Lehrplan Band 5 Sicherheit am Berg* (Schubert P./Stückl P.), München 1999, BLV Verlag

Durner, G. u. Römer, A.: *Erste Hilfe Bergrettung* Garmisch-Partenkirchen 2002, AM-BERG-Verlag

Freudig, T. u. Martin, A.: *Bergrettung, Lehrbuch der Bergwacht.* 1994, Verlag Toni Freudig

Bildnachweis

Archiv des DAV: S. 10
Dick, Andi: S. 15, 86 (2), 90 oben
Ciclo Sport: S. 122
Hohenester, Georg: S. 32 unten, 35, 37 (2), 38 (2), 39 (2), 40, 41 (3), 42, 43 unten, 44 (3), 45 (2), 46, 47 (2), 48 (2), 49, 50 (2), 51 (2), 52, 55 Mitte und unten (3), 56 (3), 58,

59 (3), 60 (4), 61 (4), 62 (3), 63, 64 (2), 65 (3), 66, 67 (2), 68 (2), 69 (3), 70, 71, 72 (4), 73 (4), 80 (3), 81, 82, 83 oben (2), 84, 85, 90 unten, 92 (3), 104
Lang, Werner: S. 8, 12, 13, 26, 74, 113 rechts
Leki: S. 24
Lowa: S. 19 (2), 20
Mühlschlegel, Birgit: S. 2, 36,

43 oben (3), 53, 55 oben, 75, 77, 78, 79, 83 links unten, 89, 91, 95, 99 unten, 102, 115, 124 (2), 125
Pohl, Wolfgang: S. 17
Ritschel, Bernd: S. 14, 97
Salewa: S. 22 links, 22 rechts, 23, 25, 27, 28 (3), 29, 30 (2), 31 (2), 32 oben, 83 Mitte, 90 rechts oben
Schrag, Karl: S. 87, 113 links
Waeber, Michael: S. 7, 9, 11, 33, 93

Know-how für die Bergtour

ALPIN-LEHRPLAN BAND 1

Michael Hoffmann /
Wolfgang Pohl
**Alpin-Lehrplan Band 2:
Felsklettern – Sportklettern**
Klettertechniken, Taktik beim
klassischen Felsklettern, Stürzen
und Taktik beim Sportklettern,
Sicherungsmethoden, Ausrüstung,
Orientierung, Erste Hilfe usw.

TRAINING FÜR FREIZEIT, SCHULE UND VEREIN
SPORTKLETTERN
mit Kindern und Jugendlichen

Karl Schrag
**Alpin-Lehrplan Band 1:
Bergwandern – Trekking**
Bewegungs- und Sicherungstech-
niken, Orientierung, Ausrüstung,
Planung und Vorbereitung von
Wanderungen, alpine Taktik, Berg-
wandern in Gruppen, Erste Hilfe,
Wetterkunde, Trekking, Umwelt-
und Naturschutz.

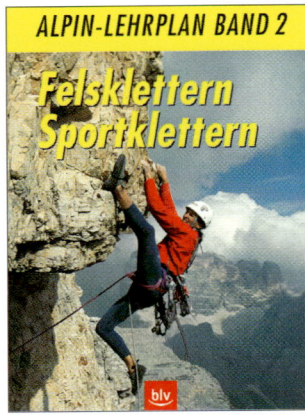

ALPIN-LEHRPLAN BAND 2
**Felsklettern
Sportklettern**

Stefan Winter
**Sportklettern mit
Kindern und Jugendlichen**
Kletter- und Sicherungsformen,
didaktisch aufgebaute Übungs-
vorschläge, spezielle Tipps für
verschiedene Altersstufen, Recht
und Versicherung, Vorbeugen
von Überlastungsschäden u.v.m.

BLV Sportpraxis Top
Stefan Winter
Richtig Bergsteigen
Für Wanderer, Bergsteiger und
Klettersteiggeher: Ausrüstung,
Technik, Taktik und Tipps; Touren-
planung, Sicherung, Sicherheit,
Erste Hilfe und Unfallmanage-
ment, Orientierung, Training.

BLV Sportpraxis Top
Stefan Winter
Richtig Skitouren
Für Skitourengeher, Freerider und
Variantenfahrer abseits der Piste:
Ausrüstung, Aufsteigen und
Abfahren mit Ski, Lawinenkunde,
Tourenplanung, Notfallmanage-
ment, Orientierung, Sicherung,
Training.

Michael Sachweh
**Bergwetter für Sport
und Freizeit**
Alles über Wetter und Klima
der Gebirgsregionen speziell für
Wanderer, Bergsteiger, Kletterer,
Mountainbiker, Skifahrer und
Snowboarder, Segel- und Dra-
chenflieger, Paraglider, Ballon-
fahrer, Segler und Surfer.